Emil August Junghahn

Studien zu Thukydides

neue Folge - historisch-kritisches, exegetisches, polemisches

Emil August Junghahn

Studien zu Thukydides
neue Folge - historisch-kritisches, exegetisches, polemisches

ISBN/EAN: 9783743602076

Hergestellt in Europa, USA, Kanada, Australien, Japan

Cover: Foto ©ninafisch / pixelio.de

Manufactured and distributed by brebook publishing software
(www.brebook.com)

Emil August Junghahn

Studien zu Thukydides

Berliner Studien für classische Philologie und Archäologie.
Fünfter Band. Drittes Heft.

STUDIEN ZU THUKYDIDES.

NEUE FOLGE.

HISTORISCH - KRITISCHES, EXEGETISCHES,

POLEMISCHES

VON

E. A. JUNGHAHN.

BERLIN 1886.

VERLAG VON S. CALVARY & CO.

VERLAG VON S. CALVARY & CO. IN BERLIN.

BERLINER STUDIEN

FÜR

CLASSISCHE PHILOLOGIE UND ARCHAEOLOGIE.

Prospect.

Es hat sich das Bedürfniss herausgestellt, neben den vielen bestehenden Publicationen auf dem Gebiete der klassischen Philologie und Archaeologie noch ein Organ zu schaffen, das dem Zwecke dient, Arbeiten zu veröffentlichen, welche für eine Zeitschrift zu umfangreich und für eine selbständige Veröffentlichung nicht gross genug sind.

Zu den Schriften der letztgedachten Art gehören namentlich auch die Gelegenheitsschriften, Schulprogramme und Dissertationen, von denen die besseren wohl verdienen, durch eine Sammlung erhalten zu bleiben und die ihnen gebührende Verbreitung zu finden.

Die in diesen Blättern gebrachten Abhandlungen werden auch in Einzel-Abdrücken zugänglich sein, so dass es dem Forscher auf dem Einzelgebiete möglich gemacht wird, auch nur diejenigen Arbeiten zu erwerben, welche ihm erwünscht und nöthig sind.

Bisher erschienen:

Erster Band. X, 783 S. gr. 8. Preis 19 Mark.

Inhalt: Wilhelm Gemoll. Untersuchungen über die Quellen, den Verfasser und die Abfassungszeit der Geoponica (S. 1—280. Einzelpreis 8 M.). — Ernestus Kuhnert. De cura statuarum apud Graecos (S. 281—356. Einzelpreis 2 M. 40 Pf. — Heinrich Weissenborn. Die irrationalen Quadratwurzeln bei Archimedes und Heron. (S. 357 - 408. Einzelpreis 3 M. 60 Pf.) — Adalbert Horowitz, Griechische Studien 1 (S. 409—450. Einzelpreis 2 M.) — Friedericus Cauer, De fabulis graecis ad Romam conditam pertinentibus (S. 451—490. Einzelpreis 2 M.). — Paulus Reinholdus Wagler, De Acína poemate quaestiones criticae (S. 491—602. Einzelpreis 4 M.) — Leopoldus Cohn. De Heraclide Milesio Grammatico (S. 603—718. Einzelpreis 4 M.). — F. B. Leidenroth, Indicis grammatici ad Scholia Veneta A exceptis locis Herodianis specimen (S. 719—783. Einzelpreis 2 M. 40 Pf.).

Zweiter Band. XII, 490 S. gr. 8. Preis 17 Mark.

Inhalt: Wilhelm Soltau. Die Gültigkeit der Plebiscite (S. 1—176. Einzelpreis 7 M.). — Hermannus Riccardus Grundmann, Quid in elocutione Arriani Herodoto debeatur (S. 177—268. Einzelpreis 3 M.) — Carolus Aemilius Illing, De antidosi. (S. 269—307. Einzelpreis 1 M. 80 Pf. — Selmar Peine, De ornamentis triumphalibus. (S. 309 - 397. Einzelpreis 3 M. 50 Pf.) — Joannes Schmidt, Ulixes Posthomericus. Particula prima. (S. 399 — 490) Einzelpreis 4 M. 50 Pf.)

Dritter Band. XXII, 436 S. gr. 8. Preis 12 Mark.

Inhalt: Ludwig Stein, Die Psychologie der Stoa. 1. Bd. Metaphysisch-anthropo-ell. (VIII, 216 S. Einzelpreis 7 M.) — Wilhelm Kümpf. De pronominum perso- l collocatione apud poetas scaenicos Romanorum. (II, 48 S. Einzelpreis 1 M. 60 Pf.) — π, Die Tropen des Äschylus, Sophokles u. Euripides. (XII, 172 S. Einzelpr. 6 M. 80 Pf.

er Band. XVIII, 322 S. gr. 8. Preis 10 Mark.

alt: Paulus Cassel, Zoroaster, sein Name und seine Zeit. Eine iranische Glosse. Einzelpreis 1 M. 20 Pf) — M. Petschenig, Flavii Cresconii Corippi Africani pera edita et explicata. (XVI, 268 S. Einzelpreis 9 M. 60 Pf.) — Ernst Broy. abulae Aeschyleae stasimo altero. (IV, 30 S. Einzelpreis 1 M. 20 Pf.)

er Band. XVI, 687 S. gr. 8. Preis 18 Mark.

tes Heft: P. Langen, Plautinische Studien. (VIII, 400 S. Einzelpreis 13 M.) — leit: Th. Puschmann, Nachträge zu Alexander Trallianus. (192 S. Einzelpreis — Drittes Heft: Emil August Junghahn, Studien zu Thukydides. Neue Folge. nzelpreis 3 M. 60 Pf.)

ter Band (in Vorbereitung).

tes Heft: W. Streit, Zur Geschichte des zweiten punischen Krieges in Italien nacht von Canaä. (In Vorbereitung.) — Zweites Heft: O. Kramer, Die Pelops- n Ergebnissen der Ausgrabungen in Olympia. Mit vier unedirten Vasenbildern. tung).

„BERLINER STUDIEN" erscheinen in Bänden zu je drei elche auch zu einem höheren Preise einzeln abgegeben werden: me des ersten Heftes zum Subskriptionspreise verpflichtet gleich-Abnahme der beiden folgenden Hefte des Bandes.

u eintretenden Abonnenten werden die ersten beiden zur Hälfte des Preises = **18 Mark** abgegeben.

BERLINER STUDIEN

FÜR

CLASSISCHE PHILOLOGIE UND ARCHAEOLOGIE.

FÜNFTER BAND.

DRITTES HEFT.

STUDIEN ZU THUKYDIDES

VON

E. A. JUNGHAHN.

BERLIN 1886.

VERLAG VON S. CALVARY & CO.

STUDIEN ZU THUKYDIDES.

NEUE FOLGE.

HISTORISCH - KRITISCHES. EXEGETISCHES,
POLEMISCHES

VON

E. A. JUNGHAHN.

BERLIN 1886.

VERLAG VON S. CALVARY & CO.

Bekannte und geschätzte Bücher, aus denen wir entweder die ganze Geschichte Griechenlands lernen oder über einzelne Punkte derselben Belehrung ziehen, berichten eine Thatsache, die ich hier mit den Worten von Grote (Griech. Gesch. II 413, Ausg. von Meißner) hinstelle: „Peisistratos ließ drei rechtmäßige Söhne nach: Hippias, Hipparch und Thessalos. Unter den Zeitgenossen des Thukydides war allgemein der Glaube verbreitet, daß Hipparch der älteste der drei war und ihm in der Regierung folgte. Der Geschichtschreiber aber (nämlich Thukydides) erklärt dies mit Nachdruck für einen Irrtum." — Ferner (S. 416): „Dem Glauben des athenischen Publikums nach zählten die letzten vier Jahre für seine (nämlich des Hippias) ganze Regierung, ja viele begingen sogar den noch größeren Irrtum, die letzten vier Jahre ganz wegzulassen und anzunehmen, daß die Verschwörung des Harmodius und Aristogiton die Pisistratidenherrschaft abgeschafft und Athen befreit habe. Sowohl Dichter als auch Philosophen teilten diesen Glauben." — Als solche macht Grote namhaft: Simonides von Keos, einen Skoliendichter bei Athenäus XV 695 Plato, Pseudo-Plato (Verfasser des Dialoges Hipparch), Aristoteles, und von späten Schriftstellern den Arrian. Von andern, außer Grote, werden noch angeführt: Älian und je ein Fragment von Heraclides Ponticus und Diodor. Grote verhehlt sein Erstaunen nicht über „einen solchen Grad von historischer Nachlässigkeit beim atheniensischen Publikum . . . in Bezug auf einen Gegenstand der sowohl interessant als auch im Vergleich neu war." — Allerdings ist das sehr staunenerregend, und ich freue mich hier wenigstens eine Äußerung des Erstaunens anzutreffen. Ich muß aber meinerseits noch einige erstaunte Fragen hinzufügen :

Wenn ein falscher Glaube hierüber existiert hat, müßte nicht auch Herodot ihn vorgefunden haben? Der aber giebt (V 55 u. a. a. O.) nur den richtigen Bericht, ohne eines andern zu erwähnen, wie er doch immer bei zweifelhafter und mehrfacher Überlieferung thut. — Ferner: Wenn die bedeutendsten Historiker der Zeit, Herodot und Thukydides, den richtigen Bericht enthalten, letzterer sogar mit sehr starker Hervorhebung, die ja auch in der wiederholten Behandlung dieser Berichtigung, I 20 und VI 54 ff., und in der großen Ausführlichkeit an der letzteren Stelle zu Tage tritt, wenn nun also der falsche Glaube so nachdrücklich beseitigt wurde, wie soll man es erklären, daß die nächstfolgenden Generationen, und zwar nicht bloß die ungebildete Menge, hartnäckig an dem falschen Glauben festhielten oder in denselben zurückverfielen? Man denke sich nur einen Mann wie Aristoteles, der durch sein gründliches Wissen auf vielen Gebieten, und nicht am wenigsten auf dem historischen, einzig dastand. Ihm soll man also zutrauen, daß er als Lehrer im Hause des Königs Philipp dem jungen Alexander seine Lehren mit falschen historischen Thatsachen erläuterte und so Gefahr lief von dem Knaben selbst belehrt zu werden, da ja die Quellen, aus denen die richtige Kenntnis über jenen Gegenstand geschöpft werden konnte, so leicht zugänglich waren? Oder hat gar Simonides, hat der Skoliendichter, hat Plato, hat Aristoteles und andere von dem Berichte des Herodot und Thukydides abweichende griechische Autoren sich durch diese Abweichung in offenen Widerspruch mit jenen älteren Historikern setzen wollen? Lächele nur niemand über die letzte dieser Fragen zu früh; eine solche Ansicht muß ja freilich statthaft erscheinen, so lange Stellen bei Thukydides, an denen dieser ohne irgend welche nähere Angabe von Herodot abweicht, von Erklärern als bewußte und demonstrative Abweichungen angesehen werden. — Eine genügende Beantwortung aller dieser Fragen ist offenbar dringend nötig, und diese Überzeugung allein schon, die sicherlich viele mit mir teilen, nämlich daß die Fragen nicht nur wohlberechtigt seien, sondern sogar laut nach einer Lösung schreien, verleiht mir das Gefühl des Mutes, das mich zu ihrer Lösung antreibt, trotz des Mißvergnügens derer, die mit ihrem mehr oder weniger versteckten Tadel über solche kritische Aufgabe niemals ausbleiben. — Über

den von ihm selbst bezeichneten Gegenstand des Erstaunens kommt
Grote leicht hinweg; Redensarten, wie „Vereinigung der roman-
tischen Seite mit der patriotischen, Protomärtyrertum der Freiheit" u. dgl., bringen eben keine Lösung im Hinblick auf
ein Volk, das schon eine Geschichtsdisziplin, schon Bearbeiter
athenischer Geschichte, ja schon einen Herodot hatte (so darf
man gewiß sagen, wenn dieser auch nicht Athener war). Grote
also fragte: „Wie ist es möglich, daß das atheniensische Volk
schon zu den Zeiten des Thukydides über ein für es selbst so
bedeutendes und verhältnismäßig so neues Faktum im falschen
Glauben war?" Meine Antwort: „Das ist garnicht möglich"
(vorausgesetzt, daß wir unter „Volk" nicht beide etwas Verschiedenes verstehen; davon unten). — „Wie ist es möglich,"
frage ich meinerseits weiter, „daß, wenn Herodot das Richtige
über Hippias überliefert, und Thukydides mit großem Nachdrucke
ebenso berichtet, dennoch namhafte Autoren der nächsten Generation,
bei denen Kenntnis des Herodot und des Thukydides, überhaupt
der attischen Geschichte, vorausgesetzt werden muß, dennoch den
falschen Bericht aufweisen?" Ich gebe selbst die Antwort: „Das
ist garnicht möglich." Also hat aus der auf Thukydides folgenden Generation von Dichtern und Philosophen die falsche Thatsache über die Tyrannis des Hippias, so behaupte ich, niemand
berichtet. Woher nun die unrichtige Behauptung komme, daß die
falsche Ansicht über die Pisistratiden zur Zeit des Thukydides
und bei angesehenen Autoren der folgenden Zeit bestanden habe,
werde ich nachweisen.

Werfen wir einen Blick auf Thuk. VI 54—59. Als ich
diese Episode früher behandelte (Fleckeisen, Jahrbücher 1879
S. 366 u. a.), behauptete ich die gänzlich unmotivierte Einschaltung
derselben inmitten der Geschichte der sicilischen Expedition und
wies auf die Eigentümlichkeit der Sprache und die nachlässige
Behandlung der Gedanken in derselben hin. Nur von dem letzteren
Gesichtspunkte aus warf ich einen Blick auf die Beweise gegen
den falschen Glauben der Athener. Der kurze Inhalt der Beweise,
in der Reihenfolge, wie wir sie bei Thukydides lesen, ist folgender: Hippias, und nicht Hipparch, war der älteste der Brüder;
denn 1) auf einem gewissen Denkmale sind nur seine Kinder ge-

nannt, woraus zu schließen ist, daß er zuerst von allen Brüdern heiratete; 2) auf demselben Denkmale folgt sein Name gleich auf den des Vaters; 3) am Tage der Gefahr bewies er viel Geistesgegenwart, was nicht nach dem jüngeren, des Herrschens ungewohnten Bruder aussieht. — Sicherlich wird niemand das unsäglich und ergötzlich Stümperhafte der Beweisführung im Ernst bestreiten, wenn doch an erster Stelle der kümmerliche Indicienbeweis steht, daß Hippias als der älteste der drei auf der Stele genannten Brüder daran kenntlich sei, daß von ihm allein Kinder genannt werden, an zweiter Stelle aber erst der an sich allein schon ausreichende Beweis sich findet, daß auf der Säule Hippias von den Söhnen des Pisistratus zuerst genannt werde. Ich hatte früher besonders Veranlassung von der seltsamen Reihenfolge der Beweise zu sprechen; weniger davon, was jeder der Beweise wert sei und was sie alle zusammen wert seien. Fassen wir einmal diese Frage näher ins Auge.

Thukydides fand, als er sein Geschichtswerk schrieb, daß sich bei der großen kritiklosen Menge der Irrtum eingeschlichen habe, Hipparch, der von Harmodius und Aristogiton ermordet wurde, sei Tyrann von Athen und daher älter als Hippias gewesen, weil er doch als der von jenen zu Fall gebrachte Tyrann genannt werde und nach ihm Hippias Tyrann gewesen sei. Er benutzt diesen falschen Glauben an der Stelle I 20, um an ihm zu zeigen, und zwar als an einem recht drastischen Beispiele, wie schwer die Aufgabe eines gewissenhaften Historikers sei. Der Fall ist gerade darum so recht drastisch, weil jeder athenische Leser sich leicht sagen konnte, daß doch hier das Richtige sofort festgestellt werden könne. Es darf daher dem über diesen falschen Glauben spottenden Historiker garnicht einfallen, durch Beweise die Richtigkeit des Faktums festzustellen; er würde ja damit nur zerstören, was er hinstellen wollte, nämlich den Gedanken: „so Unrichtiges erzählt sich die gedankenlose Menge, die mancher wohl gar als Geschichtsquelle ansieht; aber wir, die Achtsamen und Gebildeten, wissen das Richtige." Er beruft sich auf das Zeugnis des Lesers gegen die gedankenlose Menge, nicht will er den Leser zu dieser Menge zählen und ihn belehren. An der Stelle I 20 hat hiernach der Historiker einen noch einigermaßen begreiflichen Standpunkt. Anders in

VI 54 ff. Nach dieser Stelle scheint der falsche Glaube über den
Altersvorrang des Hipparch bei den Athenern in dem Maße zu
herrschen, daß er nicht nur in der gedankenlosen Menge sich
findet, sondern über alle Athener verbreitet ist und es notwendig
erscheint, die richtige Kenntnis der Thatsache wiederherzustellen,
ja die Wahrheit dem Irrtume abzuringen. Nun folgen die Beweise, die ich oben schon mitgeteilt habe. — Worauf muß es
natürlicherweise dem Geschichtschreiber hier am meisten an-
kommen? Darauf doch, sein Volk, besonders die mitlebende
Generation, von einem so groben und beschämenden Irrtume zu
befreien. Dazu bedient man sich doch der überzeugendsten Beweise: neben den oben angeführten aber muß jeder die über-
zeugenderen gerade vermissen. Mit dem Beweismaterial, wie wir
es bei Thuk. VI 54 sehen, konnte ein Historiker auch noch
Jahrhunderte nach der fraglichen That beweisen: in jener dem
besprochenen Ereignisse so nahen Zeit lag auch das bessere
Material für direkten Beweis noch sehr nahe. Mit jenen drei
Beweisen ist das schreiende Bedürfnis der Mitwelt des Thukydides
nicht befriedigt. Von den zwei indirekten braucht das nicht erst
weitläufig gezeigt zu werden: aber auch der Beweis, daß der Name
des Hippias auf der Stele zuerst stand, brauchte nicht als ein
schlagender zu gelten, da Thukydides kein Kennzeichen dafür
hinzufügt, daß die Stele sogleich nach der That (Vertreibung der
Tyrannen) errichtet worden sei. Ein Volk aber, das angeblich
so wenig historischen Sinn hat, trotz des Vorhandenseins solcher
Monumente mit Inschriften auf der Akropolis, dennoch über den
Gegenstand sich in falschem Glauben zu befinden, konnte ja, falls
die Denkmäler erst einige Jahrzehnte nach der That gesetzt·
wurden, auch zur Zeit der Errichtung schon sich über die Thatsachen im Irrtume befunden haben, und somit waren möglicherweise die Inschriften nicht zuverlässig. Man kann doch nicht
sagen, daß der Historiker das nicht hinzuzufügen brauchte (die
Zeit der Denkmalerrichtung), was ja jeder Athener schon wissen
mußte. Ich meine: wären die Inschriften der Stele wirklich allen
Athenern so bekannt gewesen, so hätte ja bei ihnen der vom
Historiker gerügte Irrtum nie eintreten können. Konnte denn
aber Thukydides, abgesehen auch von dem damals schon bekannten

Zeugnis in dem Werke des Herodot, nicht durch Berufung auf persönliche Zeugen den Irrtum berichtigen? Gewiß; und daß er es dennoch nicht that, das ist mir eben ein Beweis, daß wir in diesem Abschnitte über die Pisistratiden (VI 54 ff.) nicht den echten Thukydides vor uns haben. Thukydides soll nach der gangbaren Angabe zu Beginn des peloponnesischen Krieges etwa 40 Jahre alt gewesen sein, also etwa zur Zeit seiner Geburt starb Aristides, von dem historisch berichtet wird, daß er zur Zeit der Reformen des Kleisthenes ein hierbei mitwirkender junger Mann war, und den ich wegen seiner unanfechtbaren Glaubwürdigkeit für die Athener herausgreife. Man nimmt an, daß Aristides im Jahre 540 geboren sei, also war er im Todesjahre des Hipparch 26 Jahre alt. Ein Mann in solchem Lebensalter ist doch schon ein aufmerksamer Zeuge der Begebenheiten gewesen. Durch solche Männer war also die Generation, unter deren Obhut Thukydides aufwuchs, sehr gut unterrichtet. Aber auch diejenigen, welche 10 Jahre jünger waren als Aristides, haben gewiß jene Ereignisse so aufmerksam miterlebt, daß sie auch im höchsten Greisenalter zuverlässige Zeugen derselben sein konnten. Viele von diesen, unter denen es ja glaubwürdige und mit Gedächtnis begabte Leute gegeben haben wird, haben sicherlich das nicht so seltene Alter von 80 Jahren erreicht, sind also erst 20 Jahre nach Aristides, also als Thukydides schon ein Mann, wenn auch ein junger Mann, war, gestorben. Es ist sicherlich nicht nötig zu beweisen, daß damals ein solches Alter bei den Athenern nicht ungewöhnlich war; es genügt schon auf den Chor der Greise bei Aristph. Acharn. zu verweisen, von denen der Dichter im Jahre 425 sagen durfte, daß sie bei Marathon mitgekämpft hätten. Also Thukydides und seine Zeitgenossen müssen noch Leute gekannt haben, welche jenes Ereignis, die Ermordung des Hipparch, miterlebt hatten. War also später eine irrtümliche Meinung über wichtige Dinge aus der Jugendzeit solcher Männer überwiegend geworden und wollte jemand aus der Generation des Thukydides den Irrtum widerlegen, so war keine Berufung natürlicher und wirkungsvoller als die auf die Mitteilung von Zeitgenossen der fraglichen Sache. Diese Zeitgenossen konnten sogar, wenn sie schon tot waren, von der Generation des Thukydides doch nam

haft gemacht werden als Leute, welche zu Lebzeiten den richtigen
Bericht gaben, zumal wenn ihre Glaubwürdigkeit bei den zu Be-
lehrenden noch in gutem Andenken war. Doch sei auch die bekannte Angabe über das Lebensalter des Thukydides unzuverlässig,
sei er jünger gewesen, so war immer noch, wie oben schon angedeutet, natürlich und wirkungsvoll der Hinweis auf noch lebende
angesehene Männer, wenn diese auch nur das bezeugen konnten,
daß sie das Richtige aus Mitteilungen von Eltern, Oheimen.
Großeltern u. dgl. wüßten. Beispiele dieses natürlichen Ver-
fahrens habe ich in meinem Leben in großer Zahl beobachtet.
Warum sollte das damals bei den Athenern anders gewesen sein
als jetzt bei uns? Soll aber ein solcher direkter Beweis gar in
cp. 55 in den Worten εἰδὼς ἀκοῇ ἀκριβέστερον ἄλλων ἰσχυρίζομαι
liegen? Diese Worte gerade zeigen mir deutlich, daß der, welcher
sie schrieb, den direkten Beweis nicht mehr führen konnte, daher
einer viel späteren Zeit als Thukydides angehört. Daß er besser
unterrichtet sei als andere, klingt aus ihm heraus, wie ein Ge-
heimnis. Mag auch Thukydides, wie vermutet wird, ein Ver-
wandter der Pisistratiden gewesen sein, mag er auch manche
Familiengeheimnisse mit denselben geteilt haben, so wußten doch
dies, wer der älteste von den Brüdern gewesen sei, alle Zeitgenossen derselben auf dieselbe Weise. Auf das Zeugnis dieser
Zeitgenossen sich zu berufen, soweit sie noch, mehr oder weniger
unmittelbar, in die Zeit des Thukydides hineinragten, stand noch
der ganzen Altersgenossenschaft desselben frei; dazu bedurfte es
keiner Verwandtschaft mit den Pisistratiden. Wozu also dieser
Schein, als sei er, der Verfasser, in einer ganz bevorzugten Lage,
das Richtige zu wissen, über die er sich aber nicht weiter aus-
sprechen dürfe?

Nun noch einen Blick auf die Stele. Man muß annehmen,
daß dieselbe bei den Athenern gar sehr in Vergessenheit geraten war, wenn trotz ihrer Inschrift, durch die Hippias als der
ältere erwiesen wird, der Irrtum so große Verbreitung fand.
Gesetzt, das sei so gewesen, was mußte derjenige, der sie zum
Beweise heranzog, nun thun? Wurde wirklich durch diese Stele
auf der Akropolis und ihre Inschrift die fragliche Sache sofort
richtig gestellt, so ist es doch undenkbar, daß der auf dies als

auf ein unanfechtbares Beweismittel Verweisende auch nicht mit
einer Silbe erwähne, warum es dennoch den Athenern entgangen
sei. Es wäre also eine Erwähnung der Art nötig gewesen, wie
folgende: Da die Stele durch den Brand und die Zerstörungen,
welche die Perser anrichteten, sehr unscheinbar und die Inschrift
unleserlich geworden ist, so haben die Athener später die historische
Bedeutung derselben vergessen und werden nunmehr auf dieselbe
aufmerksam gemacht. — Wird ja doch in diesem selben Abschnitte, cp. 54, auf die Unleserlichkeit einer Inschrift hingewiesen, die in dem Zusammenhange der Schriftstelle von weit geringerer Wichtigkeit ist. Aber gerade darum wird man vielleicht
sagen, daß eine Annahme von Unleserlichkeit der Inschrift auf
jener Stele nicht zutreffend sei und daher mit Recht eine Bemerkung darüber bei Thukydides fehle. Mag sein; dann mußte
aber doch das Vorhandensein eines durch die Inschrift alle Tage
so leicht zu widerlegenden Irrtumes der Athener erst recht auffällig erscheinen, und eine Erklärung, wie dennoch der Irrtum
möglich war, ist dann noch unentbehrlicher. Denkbar ist etwa
folgender Aufschluß: Die Zeitgenossen des Thukydides kennen
zwar die Stele auf der Akropolis und auch deren Inschrift, meinen
aber nicht mehr das ursprüngliche Denkmal vor sich zu sehen,
da ja noch unvergessen ist, daß die Perser auf der Akropolis
viel Zerstörung angerichtet haben, und auch keine Wahrschein-
lichkeit dafür spricht, daß die Pisistratiden, welche gleich nach
der Einnahme der Akropolis und den ausgeführten Zerstörungen
dieselbe besuchten (Herod. VIII 54), unter den vielleicht unzer-
störten Denkmalen gerade das werden unangetastet gelassen
haben, welches gleichsam als Schandsäule für sie gesetzt war
und von dessen Existenz sie doch sicher nicht ohne Kunde waren.
Wurden solche Erwägungen später von den Athenern angestellt,
so nötigten sie auch zu dem Schlusse, daß das Denkmal, jedenfalls die Inschrift, erst nach den Perserkriegen wieder erneuert
worden sei. Und da sei die Frage gewesen, wie lange nach den
Kriegen, und ob da nicht vielmehr die Inschrift auf Grund eines
historischen Irrtumes gemacht sei, während der landläufige Glaube
der Gegenwart gerade der richtige sei. Alle solche Bedenken,
die sich bei der Berufung auf das Denkmal ganz natürlich auf-

drängen, mußten doch von einem Autor, der noch dem 5. Jahrh. v. Chr. angehört, auf die für seine Zeitgenossen natürlichste Weise niedergeschlagen werden, durch möglichst direkten Beweis, mit Berufung auf diejenigen, welche die Setzung oder Erneuerung des Denkmals miterlebt hatten, oder auf diejenigen, welche es von den Augenzeugen sicher wußten. Wer noch in der Lage ist, einen solchen Beweis liefern zu können (und in der war Thukydides offenbar), der wird sicherlich nicht auf den merkwürdigen Gedanken kommen, aus der Sicherheit des Hippias, mit der er am Tage der Ermordung seines Bruders auftrat, sei auf seine Erstgeburt zu schließen. Darum eben meine ich, daß diesen Abschnitt über die Pisistraden in der Gestalt, wie wir ihn vor uns haben, nicht Thukydides, sondern ein späterer Herausgeber des ursprünglichen Werkes geschrieben habe. Wollte jemand den Einwand machen. daß es für meine Beweisführung doch sehr darauf ankomme, wann Thukydides den Teil seines Werkes, in dem jene Episode steht, abgefaßt habe, so sage ich, oben schon Erörtertes ergänzend: Möge dieser Teil auch zu dem Allerspätesten gehören, was er schrieb, so ist doch auch für den Greis Thukydides die Berufung auf solche Zeugen nicht erloschen, die sich der sicheren Mitteilung von Augenzeugen aus der älteren Generation erinnern. Wenn uns glaubwürdige Leute, die etwa 80 Jahre alt sind, Begebenheiten aus der vaterländischen Geschichte mitteilen, die sie im Alter von 20 Jahren von glaubwürdigen Zeugen jener Begebenheiten gehört haben, so werden wir ihnen den Glauben nicht versagen. (Ich stelle mir hier lebhaft ganz bestimmte Fälle vor.) Nun aber hatten diejenigen, welche am Schlusse des peloponnesischen Krieges angehende Achtziger waren, im J. 464 ein Alter von 20 Jahren, und diejenigen, welche zur Zeit der Ermordung des Hipparch sich in dem letzteren Alter befunden hatten, konnten als 70jährige Greise der 20jährigen Jugend des J. 464 doch recht glaubwürdigen Bericht erstatten. Man sieht hieraus, daß, wenn zufällig — was ja nicht wahrscheinlich ist — die Stelle über die Pisistratiden das Allerletzte gewesen sein sollte, was Thukydides schrieb, und wenn das Allerletzte (nach Ungers Annahme, Jahrbücher 1886 S. 167) in die Zeit 395 – 393 fällt, die direkte Überlieferung über das letzte Jahrzehnt der Pisistratidenherrschaft noch ganz gut

denkbar ist. Es treten dann an die Stelle der 70jährigen Berichterstatter im J. 464 solche von 80 Jahren. Auf ein so entstandenes
Zeugnis können offenbar die Worte aus cp. 54 εἰδὼς καὶ ἀκοῇ
ἀκριβέστερον ἄλλων ἰσχυρίζομαι nicht gedeutet werden. Gerade
diese Worte, in ihrer ausweichenden Unbestimmtheit, zeigen, daß
ihr Urheber sich auf keine bestimmte Person berufen kann.

Warum sollten denn, wie ich oben schon sagte, die Be-
dingungen, unter denen sich vergangene Thatsachen durch das
Zeugnis Lebender feststellen lassen, bei den Athenern ungünstiger
gewesen sein als bei uns? Ja, ich behaupte, daß sie im vorliegenden Falle für die Athener eher günstiger waren. Man wird
mir sicherlich nicht bestreiten, daß im Vergleiche mit unserem
Zeitalter, dessen Gedächtnis wegen der Stützen durch schriftliche
Aufzeichnungen viel eher ein verwöhntes ist, bei der Beurteilung
alles das den Athenern jener Zeit zu gut kommen muß, was man
als Vorzug der Gedächtniskraft der Volksseele solcher Zeitalter
rühmt, welche sich auf die Krücken der Schrift noch nicht so wie
das unsrige verließen. In Feststellung und Kenntnis von Dingen,
die Jahrhunderte zurückliegen, sind wir, bei unserer Benutzung
litterarischer Quellen, den Athenern jener Zeit überlegen; dagegen
im Wissen solcher Thatsachen der Vergangenheit, welche die
jüngste der mitlebenden Generationen von der ältesten derselben
erfahren kann, also in der Regel der Enkel vom Großvater,
dürften jene uns eher überlegen gewesen sein. Wenn nun aber,
um Beispiele anzuführen, der bekannte Stifter des älteren Denk-
males bei Fehrbellin noch im Jahre 1800, ohne durch Geschichts-
bücher oder Denkmäler belehrt zu werden, die Lage des Schlacht-
feldes von Fehrbellin feststellen konnte, weil es ihm ein alter
Mann zeigte, dem es, als er noch Knabe war, vom Großvater,
welcher des Jahres 1675 und der Schlacht sich noch recht gut
erinnerte, oft gezeigt worden war, — und wenn vor einigen Jahren,
bei der hundertsten Wiederkehr des Jahrestages, an dem einer
von den Thürmen auf dem Gensdarmenmarkte in Berlin einstürzte,
während in der Nähe gerade ein Trompeter blies (weshalb man
sagte, er habe den Thurm umgeblasen), der Name dieses Trompeters
festgestellt werden konnte, gleichfalls nicht aus Geschichtsbüchern,
sondern durch die bei seinen hiesigen Nachkommen erhaltene

Familientradition, — wenn sich die Zahl solcher Beispiele ins
Ungeheure vermehren läßt, da soll man es glauben, daß bei einer
wichtigen Thatsache der heimischen Geschichte, die sogar noch
innerhalb des Gedächtnisses der ältesten Leute der mitlebenden
Generationen lag, das Gedächtnis der Athener in alten Inschriften
Stärkung suchte? Glaube das, wer kann; ich beneide niemanden
um solchen Glauben. Nur der Gelegenheit, die mir hier blüht,
eine öffentliche Belehrung zu empfangen, möchte ich sofort vor-
beugen. Nicht auf das Gedächtnis allein, läßt sich leicht einwenden, sondern auch auf den historischen Sinn kommt es an.
Ich widerstehe hier der Versuchung, eine Abhandlung über den
historischen Sinn der Athener einzuschalten und sage kurz: Das
historische Interesse an der vaterländischen Geschichte kann nicht
so mangelhaft gewesen sein bei einem Volke, das so oft der Verdienste der Vorfahren um den heimatlichen Boden gedenkt (z. B.
in den öffentlichen epitaphischen Reden), und das gern von einzelnen Personen den Anteil an rühmlichen Thaten des Volkes
zur Sprache bringt (z. B. Andocides I 106, wo der Redende
gern die Gelegenheit benutzt zu erwähnen, welche von seinen
Ahnen an der Bekämpfung des Tyrannen Pisistratus teilgenommen
haben).

Zum Überflusse liegt auch noch folgender Schluß nahe. Wenn
Thukydides, wie Herausgeber und Erklärer seiner Werke sagen,
u. a. auch in diesen geringschätzigen Blicken auf die Masse des
athenischen Volkes, das nicht einmal über die Pisistratiden das
Richtige weiß, seinen Beruf zum Historiker zu erkennen giebt,
so muß man annehmen, daß ein Mann von solcher Begabung für
das historische Fach jenen Irrtum über Hippias und Hipparch
niemals mit der Menge geteilt habe. Er hat also die falsche
Meinung schon von jeher vorgefunden, jedenfalls also schon bemerkt, als er sich in seinen ersten Bildungsjahren befand, etwa
im Jünglingsalter, als er die richtige Thatsache bereits kannte.
Daß aber damals schon die falsche Meinung so allgemein verbreitet sein konnte, wie es in VI 54 hingestellt wird, ist doch
nicht glaublich. Wird man dagegen einwenden, daß der falsche
Glaube erst nach dieser Zeit entstanden sein und dem Thukydides
etwa gar erst nach seiner Rückkehr aus der Verbannung bekannt

geworden sein möchte? Nun, dann wäre es gewiß natürlich ge-
wesen, daß Thukydides zum Behufe seines Beweises auf die
Neuheit des Irrtumes aufmerksam gemacht und sich auf die ältere
Generation berufen hätte, mit der er das richtige Wissen teilte.
Den Einwand, welchen ein kampflustiger Gegner hier machen
könnte, machte ich mir schon selbst: Muß denn Thukydides schon
in jüngeren Jahren die Sache beachtet haben (nämlich, welcher
Pisistratide der ältere und der Regent war)? Wenn ihm aber
früher die Sache überhaupt ganz entging, so konnte er auch eine
Änderung im Glauben über dieselbe nicht beobachtet haben und
berichtet nur über den falschen Glauben, wie er ihn bemerkte.
Formell kann ja ein solcher Einwand gemacht werden; aber wer,
wie ich in dieser Arbeit, Wahrscheinlichkeitsbeweise heranziehen
muß, der wird doch dagegen fragen: Wo ist eine Wahrschein-
lichkeit, daß ein Mann von großer Bildung und solchem historischen
Sinn, ein Mann, der sich zum hervorragenden Historiker ent-
wickelte, erst im späten Mannesalter einen so wichtigen Gegenstand aus der noch gar nicht so fernen Vergangenheit seiner
Vaterstadt beachtet haben sollte? Muß man nun aber aus
Thuk. VI 54 den Bericht entnehmen, daß Thukydides von jeher
die falsche Meinung kannte und als allgemein verbreitete kannte,
dieselbe also schon die herrschende war, als noch Augenzeugen
der Ermordung des Hipparch und der Vertreibung des Hippias
am Leben waren, so ist doch schon die Unglaubwürdigkeit eines
solchen Berichtes Grund genug, denselben einem älteren Zeitgenossen des peleponnesischen Krieges, also auch dem Thukydides,
abzusprechen. Doch, wie auch immer dieses letzte Argument
aufgenommen werden möge, ich meine mehr als einen überzeugenden
Grund dafür beigebracht zu haben, daß der über die Athener behauptete Irrtum über die Geschichte der Pisistratiden nicht schon
zur Zeit des Thukydides könne allgemein geherrscht haben.

Ich habe schon oben gesagt, die merkwürdige Notiz in Geschichtsbüchern (z. B. Grote II 416), daß ältere Dichter sowohl
wie Philosophen diesen Irrtum teilten, sei unhaltbar. Soll etwa
in dem falschen Glauben mehrerer älterer Autoren das Vorhandensein des bei Thukydides berichteten (und dann berichtigten)
falschen Glaubens der Athener eine Bestätigung finden? Eine

solche Ansicht kann doch nur aus verzweifeltem Schlußverfahren hervorgehen. Jene zwei Berichte sind doch für den, der ohne Voreingenommenheit prüft, nicht vereinbar. Haben wirklich die in dem auf Thukydides folgenden Menschenalter lebenden Autoren, darunter sogar Plato und Aristoteles, den falschen Bericht, so ist es doch ein ungeheuerlicher Glaube, daß sie dieses angesichts des ganz richtigen Berichtes des Herodot und angesichts der von Thukydides so unzweideutig gegebenen Berichtigung vermochten. Falscher Bericht bei Plato und Aristoteles würde mir gerade eine willkommene Bestätigung meiner Ansicht über die spätere Abfassung der Episode VI 54 ff. bei Thuk. sein, und ich könnte mich mit meinem Nachweise viel kürzer fassen. Aber Plato und Aristoteles berichten nichts Falsches über die Pisistratiden, wie ich zeigen werde. Hieran muß doch jedem Freunde der griechischen Litteratur und Geschichte soviel wenigstens erfreulich sein, daß jene Autoren von dem gegen sie erhobenen Vorwurfe, mit dem richtigen Berichte des Herodot sich im Widerspruche zu befinden, nunmehr frei werden.

Läßt denn der Bericht bei Herod. V 55 den mindesten Zweifel darüber zu, daß er den ermordeten Hipparch als den Bruder des regierenden Tyrannen bezeichnet? Er sagt: ἐπεὶ Ἵππαρχον . . . Ἱππίεω τοῦ τυράννου ἀδελφεὸν κτείνουσι Ἀριστογείτων καὶ Ἁρμόδιος. Schon hiernach läßt sich vermuten, daß die Stellen bei Plato und Aristoteles falsch ausgelegt sind. Wenn man bei Plato Sympos. 182 C liest, daß durch die Liebe der beiden Athener Harmodius und Aristogiton die Herrschaft der Tyrannen in Athen (τὴν ἀρχὴν αὐτῶν, letzteres bezogen auf οἱ ἐνθάδε τύραννοι, womit natürlich die Dynastie bezeichnet wird) gestürzt sei, so braucht doch mit diesen Worten nicht gemeint zu sein, daß jene beiden Männer durch die Ermordung des Hipparchus der Tyrannei sofort ein Ende machten, sondern nur dies, daß sie den ersten entscheidenden Schritt thaten, welcher den Sturz der Pisistratiden nach sich zog. Insofern waren sie also allerdings die Urheber des Sturzes. — Daß diese Auslegung die richtige ist, dazu sind die Stellen, an denen Herodot von den Pisistratiden spricht, wie ein Kommentar. Wir haben schon oben gesehen, daß er V 55 sagt, bei (nicht erst nach) der Ermordung des Hipparch sei

Hippias Tyrann gewesen, und dennoch läßt derselbe VI 109 den
Miltiades sagen, Harmodius und Aristogiton hätten sich um die
Befreiung Athens ein dauerndes Verdienst erworben. Vielleicht
braucht man sogar ein so großes Lob aus seinen Worten nicht
herauszulesen, wenn er doch sagt, Kallimachus solle durch Befreiung Athens sich bei den Menschen verewigen in einer Weise,
wie es nicht einmal Harmodius und Aristogiton thaten. Aber
immerhin, kann denn Herodot damit meinen, daß sie den Tyrannen
töteten und Athen sofort frei machten, nachdem er doch V 55
deutlich gesagt hat, daß nicht der getötete Hipparch, sondern
Hippias der Tyrann gewesen sei? Und dazu berichtet er noch
ausführlich über dessen übrige Regierungszeit und endliche Vertreibung (VI 55 und 62 ff.). Ich kann mir vorstellen, daß Gegner
meiner Untersuchungen versuchen werden zu zeigen, wie gerade
die Stärke der falschen Meinung an der Stelle Herod. VI 109
sich zeige, indem dieser, trotz seines in Buch V cp. 55 gezeigten
richtigen Wissens, sich jetzt einen Augenblick vom Strome der
populären (unrichtigen) Meinung fortreißen lasse. So unwahr-
scheinlich dies schon ist, da Herodot, nach seiner Weise, falls
er neben der richtigen Überlieferung eine weitverbreitete falsche
vorgefunden hätte, auf das Vorhandensein der letzteren aufmerksam
gemacht haben würde, so wird es auch durch Herod. VI 123
widerlegt. Indem Herodot hier die Alkmäoniden ausdrücklich
gegen die Beschuldigung des, nach dem Kampfe bei Marathon,
zu Gunsten der Pisistratiden bewiesenen Verrates in Schutz nimmt,
sagt er, daß gerade jenes Alkmäonidengeschlecht um die Befreiung
Athens von der Tyrannis ein größeres Verdienst habe als Harmodius und Aristogiton; denn diese hätten durch Ermordung des
Hipparch die übrigen Pisistratiden noch mehr aufgebracht, ohne
ihre Herrschaft zu stürzen, jene aber hätten Athen wirklich von
den Pisistratiden befreit. — Herodot weiß also, daß die That der
beiden Männer, die Ermordung des Hipparch, für Athen nicht
sofort entscheidend war, spricht aber doch von ihrem Verdienste
um die Freiheit Athens. Und mit Recht; denn sie gaben durch
eine mutige That den ersten Anstoß zu dem Befreiungswerke.
Und so, und nicht anders, hat es auch Plato gemeint. Sehen wir
uns nun mit vorläufiger Beiseitsetzung des Pseudo-Plato (Dialog

˙ Hipparch) die anderen älteren Autoren an, denen der falsche
Glaube aufgebürdet wird.

Was den Aristoteles anbetrifft, so pflegt man auf Polit. V
cp. 8 und 9 und auf Rhetor. II 24 zu verweisen. Die erste
Stelle in Polit. V 8, wo wir lesen, daß persönliche Rache Veranlassung zum Angriff auf die Pisistratiden gab, kann hier offenbar
nicht in Betracht kommen. Weiter unten lesen wir in cp. 8, daß
unter vielen anderen Gewaltherrschaften auch die der Pisistratiden
infolge des Frevelmutes (διὰ τὴν ὕβριν) gestürzt wurde, und in
cp. 9, gegen Ende, daß Pisistratus, mit Abrechnung der Unter-
brechungen, 17 Jahre geherrscht habe, seine Söhne 18 Jahre
(ὀκτωκαίδεκα δὲ οἱ παῖδες). Was hiervon verstößt denn gegen
die geschichtliche Wahrheit? Ist denn die Auffassung, daß
Hipparchs Auftreten gegen Harmodius und dessen Schwester oder
das des Hippias, in seinen letzten Regierungsjahren, den Vorwurf
der ὕβρις verdiene, unhistorisch? Sicherlich nicht; und selbst wenn
nur das Verfahren des Hipparch gemeint sein sollte, wäre die
Aussage, daß dadurch die Tyrannis der Pisistratiden gestürzt
worden sei, ganz berechtigt, aus demselben Grunde wie oben die
Stelle aus Plato Sympos. 182 C. ˙Oder soll das Unhistorische in
dem Plural Πεισιστρατιδῶν und παῖδες liegen, da, genau genommen,
doch nur des. Hippias Herrschaft einerseits 18 Jahre dauerte,
anderseits nur diese gestürzt wurde? Aber es können doch
folgende Dinge dem Leser des Aristoteles nicht entgehen: erstens
daß Πεισιστρατίδαι garnicht bloß die Söhne des Pisistratus zu bezeichnen braucht, sondern oft die Dynastie damit gemeint ist.
(Deutlichstes Beispiel cp. 9 Ende, wo die Zeitdauer der τυραννίς
τῶν Πεισιστρατιδῶν berechnet wird und dabei die Regierungsjahre
des Pisistratus mitgezählt werden); zweitens, daß auch παῖδες in ˙
solcher Zusammenstellung mit dem Begründer einer Dynastie nicht
bloß die Söhne desselben zu bezeichnen braucht, sondern auch
die Deszendenz überhaupt bedeutet. (Deutliches Beispiel in demselben
cp. 9, wo er die Regierungsdauer der von Orthagoras von Sikyon
gegründeten Dynastie auf 100 Jahre angiebt und diese Zeit ver-
teilt auf die τυραννίς τῶν Ὀρθαγόρου παίδων καὶ αὐτοῦ Ὀρθαγόρου;
mit den παῖδες sind aber hier Sohn, Enkel und Urenkel gemeint.
Cf. Herod. VI 126 und Pausan. II 8, 1. Wer hier, wie M.

Duncker Gesch. d. Altert. VI S. 78, παίδων auf die Söhne bezieht, schreibt dem Aristot. wieder einen Fehler zu: ohne Grund).
Schon daraus folgt, daß mit der 18jährigen Regierung τῶν παίδων
des Pisistratus nicht gemeint zu sein braucht, daß einer nach dem
anderen regierte, wonach also der beim Sturz der Tyrannis re-
gierende Hippias der jüngere sein müßte. Aber es bedarf dieses
Hinweises auf die Bedeutung von παίδες, als des nachfolgenden
Geschlechtes, dem der Gründer einer Tyrannis diese hinterließ,
gleichviel, von wie vielen Nachfolgern sie dann faktisch ausgeübt
wird, es bedarf dessen nicht einmal. Wenn auch Hippias der
eigentliche Regent war und manche Regierungshandlungen natürlich
ihm allein zugeschrieben werden, so ist doch die Vorstellung einer
Art von Teilnahme aller Brüder an der Ausübung der Tyrannis
den Hellenen sehr geläufig. Und so urteilt ja z. T. auch die Ge-
schichte (deutlich Curtius). Und das ist doch sehr begreiflich.
Was konnte der Tyrann Klügeres thun als dadurch, daß er seinen
Brüdern einigen Anteil an der Gewalt vergönnte, wenigstens in
dem engsten Kreise der Verwandtschaft den Haß gegen die
Tyrannis nicht aufkommen lassen und durch Einigkeit in der
Familie Stärke nach außen suchen. So ist es erklärlich, wenn
Herodot, der doch weiß, daß Hipparch zu keiner Zeit allein der
Regent war, dennoch eine Herrscherhandlung von ihm nennt
(Herod. VII 6). Doch welchen besseren Zeugen für diese Auffassung könnte ich anführen als Thukydides selbst, welcher VI
cp. 53 die Worte hat τὴν Πεισιστράτου καὶ τῶν παίδων τυραννίδα
χαλεπὴν τελευτῶσαν γενομένην, obwohl in den folgenden Kapiteln
eifrig bewiesen wird, daß nur Hippias der Herrscher war. (Wieviel muß man schon hieraus gegen die Einheitlichkeit der Urhebers
schließen!) Ist nun gezeigt worden, daß weder Plato noch die
bisher besprochenen Stellen des Aristoteles einen Widerspruch mit
der historischen Wahrheit enthalten und daß dies fälschlich ihnen
zur Last gelegt wird, so gilt dasselbe auch von den zum Beweise
angeführten Dichtern, Simonides von Keos (bei Bergk Poett. lyrr.
Nr. 131) und das vielbesprochene Skolion (aus Athenäus XV 695)
nicht ausgenommen. Ja, gerade an den beiden letzteren Stellen ist
das Bewußtsein der Dichter, daß die Freiheit Athens eine mittel-
bare Folge der That der beiden Männer sei, ganz deutlich.

Denn wenn behauptet wird, ἄνδρα τύραννον und τὸν τύραννον κατανέτην sei wörtlich zu deuten, hiemit werde die Ermordung des regierenden Tyrannen bezeichnet, so findet doch solche Auffassung in den gleich folgenden Worten ἰσονόμους τ' Ἀθήνας ἐποιησάτην keine Stütze. Diese können doch nicht wörtlich gemeint sein, da ja die Verherrlichung der beiden Männer durch den Dichter gerade daran anknüpft, daß sie für ihre That mit dem Tode büßten, die Herstellung der Isonomie also anderen überlassen mußten. Und auch die Worte des Simonides, daß durch jene That den Athenern Heil widerfuhr, können doch nicht auf die Tötung des eigentlichen Tyrannen bezogen werden: denn Simonides hatte ja noch mit den Pisistratiden persönlich verkehrt und kannte den Sachverhalt ganz genau. Kaum habe ich nötig hinzuzufügen, daß der Ausdruck τὸν τύραννον nicht notwendig bedeutet, daß von dem Alleinherrscher in genauem Sinne gesprochen werde. Wir haben schon oben gesehen, aus welchen Gründen der Ausdruck ἡ τῶν παίδων τυραννίς berechtigt ist. Eng damit hängt der Sprachgebrauch zusammen, daß außer dem eigentlichen Regenten auch dessen Brüder und Söhne als τύραννοι und τυραννεύοντες bezeichnet werden, wie man u. a. aus den oben genannten Stellen bei Herodot ersieht. Ebenso lesen wir bei Herod. VI 123 über Harmodius und Aristogiton, daß sie durch die Ermordung des Hipparch τοὺς λοιποὺς Πεισιστρατιδέων οὐδέ τι μᾶλλον ἔπαυσαν τυραννεύοντας; und doch wissen wir durch ihn selbst, daß, genau genommen, nur Hippias der Alleinherr, der Tyrann war. Und gerade bei Thukydides, bei welchem wir VI 54,1 und 55,3 so nachdrücklich hervorgehoben sehen, daß Hipparch keineswegs der Regent war, wird er cp. 54,5 in den τύραννοι mit einbegriffen. Dieser Sprachgebrauch des Wortes τύραννος, der sich sogar noch erweitert, ist ja bekannt (ähnlich dem lateinischen rex, König und auch Prinz). Schwerlich wird mir jemand einwenden, daß Hipparch auch so nicht ,ὁ‘ τύραννος genannt werden durfte, wie in dem Skolion geschehen ist, und wie auch bei Lycurg c. Leocr. p. 154 (51) steht (τὸν τύραννον, womit er den Hipparch meint), und, um auch die letzte der aus Aristoteles herangezogenen Stellen zu beleuchten, bei Aristot. Rhetor. II 24. Hier sagt Aristoteles, um unrichtiges Schlußverfahren an einem Beispiele zu zeigen: οἷον εἴ τις λέγοι

„ταῖς πόλεσι συμφέρουσιν οἱ ἐρῶντες · ὁ γὰρ Ἁρμοδίου καὶ Ἀριστογείτονος; ἔρως κατέλυσε τὸν τύραννον Ἵππαρχον." Unleugbar kann von allen angeführten Stellen aus Aristoteles diese am ehesten den Schein erregen, als ob er sich in Hipparch den eigentlichen Herrscher gedacht habe. Allein wenn der Sprachgebrauch, nach welchem Hipparch als Bruder des Herrschers ebenfalls zu den τύραννοι gehört, feststeht, dann ist doch ὁ τύραννος neben dem Namen, zum Unterschiede dieses Hipparchus von anderen Trägern desselben Namens, ganz berechtigt, und es braucht der Artikel hier nicht den ausschließlichen Herrscher zu bezeichnen. Man erwäge auch, daß es sich hier nicht um eine Geschichte Athens handelt, in der es eher darauf angekommen wäre, die Bedeutung des Ausdruckes ὁ τύραννος genau abzuwägen. Und was endlich den Ausdruck κατέλυσε anbetrifft, mag nun Hipparchs Macht neben der des regierenden Bruders groß oder klein gewesen sein, in dieser Macht wurde er doch faktisch durch jene beiden Männer gestürzt.

Im Hinblicke auf den dichterischen und rednerischen Ausdruck τὸν τύραννον kann ich mich wohl eines langen Exkurses über die möglichen Bedeutungen des Artikels im Griechischen enthalten, wenn ich nur darauf hinweise, daß diese emphatische Bedeutung desselben, auch im Hinblicke auf unsere Sprache, ja leicht verstanden wird. Wenn ich sagen kann „Heil dir, daß du den Dichter ehrtest, Wehe, du hast den Freund verraten, den Bruder verleugnet", wenn auch der Angeredete mit vielen Dichtern und Freunden im Verkehre ist und viele Brüder hat, so ist doch, in gehobener Sprache, auch das nicht auffällig, daß, wenn von mehreren, auf welche die Bezeichnung τύραννοι paßt, einer getötet wird, der Ausdruck dafür ist: „Heil den Männern welche den Tyrannen töteten. Dieser eine Tyrann, welcher hier gerade in betracht kommt, ist eben der Repräsentant der Gattung, an welcher, nach des Dichters und Redners Meinung, jene die verdienstliche That, Tyrannenmord, verübten. Kurz, man sagt in gehobener Sprache ganz verständlich „er hat den Tyrannen erschlagen" im Sinne von „er hat Tyrannenmord vollbracht", auch wenn nur einer von einer Mehrheit der Tyrannen gemeint ist; dagegen wird niemand sagen dürfen, falls von der Ermordung eines von mehreren Bäckern die Rede ist, „er hat den Bäcker erschlagen". Aus dem gleichen Grunde dürfte auch im Griechischen in dem letzteren Falle τὸν ἀρτοποιόν nicht gesagt werden, während in dem ersteren τὸν τύραννον vor Mißdeutung gesichert ist. Doch alles dies habe ich nur widerlegt, weil es im Anschlusse an Thuk. VI 54ff. behauptet worden ist. Alle jene Stellen, könnten sie auch so gedeutet werden, wie man bisher wollte, würden doch kaum für die Behauptung bei Thukydides, daß die Athener über die Geschichte der Pisistratiden falsch unterrichtet gewesen seien, sprechen. Denn er sagt ja garnicht, was manche in den obigen Autorenstellen finden wollen, der falsche Glaube sei der gewesen, daß mit Hipparchs Ermordung die Tyrannis sofort gestürzt worden sei. Thukydides cp. 53 bezeugt ja ausdrücklich, daß dieser Sturz nicht durch Harmodius und Aristogiton herbeigeführt worden sei, das hätten die Athener gewußt. (Beiläufig: Wie Nachdenken anregend! In cp. 53 sind sie über die frühere Geschichte, die Zeit der Tyrannen, genau unterrichtet, in cp. 54 heißt es von ebendenselben: οὔτε . . . . περὶ τῶν σφετέρων τυράννων οὐδὲ περὶ τοῦ γενομένου ἀκριβὲς οὐδὲν λέγοντας.) Dennoch mußte ich die Deutung jener Stellen berichtigen, da es sonst scheinen könnte, als ob ich denselben ausweiche, nach der Meinung derjenigen, welche mit solchen Stellen ein falsches Wissen über den Sturz der Pisistratiden (wenn auch in anderer Weise falsch, als Thukydides es über die Athener aussage) selbst bei den besten älteren Autoren beweisen wollen und somit diejenige Behauptung, welche Thukydides über den falschen Glauben der Athener macht, sehr begreiflich finden. Zwar habe ich oben schon gezeigt, wie starke innere Gründe gegen das Vorhandensein der falschen Meinung bei jenen Autoren sprechen, aber es werden so leicht innere Gründe für subjektive Urteile genommen, daß ich, besonders bei dem Nachdrucke, welcher auf das angebliche Vorhandensein jener falschen Meinung, die auch bei guten Autoren sein soll, gelegt wird, auch auf die Beseitigung der äußeren (scheinbaren) Gründe eingehen mußte.

Man wird wohl noch Folgendes einzuwenden versuchen: Wenn hiernach Thukydides auch nicht gerade das Skolion, das zu jener Zeit schon existiert haben wird, und Ähnliches im Auge gehabt haben mag, so kann doch der freie poetische Ausdruck

2*

τὸν τύραννον κτανέτην, bei der so häufigen poetischen Behandlung des Gegenstandes, Mißverständnis bei der großen Menge herbeigeführt haben und mithin Thukydides zu der Berichtigung desselben berechtigt gewesen sein. — Ich würde in diesem Falle erwidern: Es ist ein großer Unterschied, ob irgendwer oder irgendwieviele einen groben historischen Fehler begehen, oder ob die Geschichte selbst einmal so schwer irrt. Nur in dem letzteren Falle wird der Historiker verbessernd eintreten, nicht aber, wenn die Menge etwas Falsches glaubt, während doch die Geschichte den Irrtum nicht teilt. Daß aber die Geschichtsdisziplin zur Zeit des Thukydides bei den Griechen schon so entwickelt war, daß ein Ereignis wie der Sturz der Pisistratiden der Geschichte längst angehörte, braucht nicht erst bewiesen zu werden. Es genügt schon daran zu erinnern, daß Herodot, der jene Thatsache ohne Irrtum erzählt, doch auch schon, wenn auch nicht vorzugsweise, schriftliche Quellen, Denkmalsinschriften u. dgl. zu seinem Werke benutzte. Ja, gerade in Genealogieen bestand eine Hauptleistung der Geschichte jener Zeit: und darum ist es um so weniger wahrscheinlich, daß die Geschichte den Hippias und Hipparchus verwechselte. Es wäre also viel natürlicher gewesen, wenn ein Historiker, der den Irrtum dennoch beim Volke vorfand, gesagt hätte: „Das Volk ist für die Genauigkeit der Aufnahme überlieferter Thatsachen so schwer zugänglich, wie man an der großen Masse der Athener sieht, die, sogar entgegen den ganz richtigen historischen Mitteilungen, über einen ganz bekannten Gegenstand der heimischen Geschichte falsch unterrichtet ist.“ An der ersten der beiden Stellen, Thuk. I 20, mag dem Geschichtsschreiber ein solcher Gedanke vorgeschwebt haben, nicht aber an der zweiten, VI 54 ff. Es bedurfte offenbar der hier durchgeführten umständlichen Richtigstellung nicht (daß sie aber, wenn einmal unternommen, viel wirksamer direkt gegeben werden konnte, ist oben gezeigt worden). Dergleichen ist bei einem so kleinen Zeitraum nach der That, wie in dem obigen Falle, nur in Bezug auf unbedeutende Gegenstände denkbar, die nicht unbedingt Aufgabe der Staatengeschichte sind; aber die Frage, ob auf Pisistratus Hippias oder Hipparch folgte, ist doch auch im Anfange aller Geschichtschreibung unerläßlich gewesen und ihre Beantwortung ließ für die Geschichte keinen Irrtum zu. Zwischen dem Wissen der Geschichte und dem Berichte der historisch nicht Gebildeten oder dem Glauben der großen Menge ist ja eine Scheidung immer notwendig. Wollten wir z. B. in dem vorliegenden Falle alle Mitteilungen aus dem Altertume, welche über die Nachfolger des Pisistratus vorhanden sind, in betracht ziehen, statt uns für den historischen Wert jeder einzelnen zu entscheiden, so stünden wir vor einem unlösbaren Rätsel. Danach läge die Sache so: Herodot meldet das Richtige, ohne die leiseste Andeutung, daß eine von seiner Überlieferung abweichende existiere (Abweichungen anzugeben ist aber bei ihm Regel); sein nicht viel jüngerer Zeitgenosse Thukydides aber berichtet zwar die Thatsache mit Herodot übereinstimmend, jedoch mit dem lauten Triumphe, daß er die Richtigkeit des Faktums gegenüber einem ganz allgemein bekannten falschen Glauben, auf grund sicherer ihm persönlich zu teil gewordener Mitteilungen und auf grund überzeugender auf Denkmale gestützter Beweise wiederhergestellt habe. — Hier liegt offenbar schon eine Fülle des Seltsamen vor, die wieder nur durch eine Fülle unwahrscheinlicher Annahmen zerstreut werden könnte. Seltsam ist es, daß in verhältnismäßig kurzer Zeit nach der That eine falsche Meinung gang und gebe war; seltsam ist, daß Thukydides nicht weiß, daß die Geschichtschreibung seiner Zeit nur den richtigen Bericht hat, und zu mühseliger Beweisführung schreitet, wo er leicht hätte überzeugende direkte Beweise anwenden können. Aber die Sache wird noch seltsamer: trotzdem daß nun zwei bedeutende Geschichtschreiber das Richtige überliefert haben, der letzte sogar an auffallender Stelle und mit lautem Proteste gegen die falsche Meinung, so daß er garnicht unbemerkt bleiben kann, wird die falsche Meinung dennoch bei zeitgenössischen Dichtern und über ein halbes Jahrhundert nach ihm hinabreichenden Philosophen nachgewiesen (nicht zu vergessen: ich spreche hier nicht meine eigene, sondern die herrschende Meinung aus), und wiederholt erscheint sie noch später, vom Pseudo-Plato an (Dialog Hipparch 228), bei letzterem und bei Älian V. Hist. VIII 2 sogar in einer Form, die eine wörtliche Wiederholung dessen ist, was Thukydides ausdrücklich als Irrtum erwiesen hat: denn an beiden Stellen lesen wir ausdrücklich,

Hipparch sei der älteste von den Söhnen des Pisistratus gewesen. Ferner soll sich ein irrtümlicher und von Thukydides abweichender Bericht finden in einem Fragment von Heraclides Ponticus (durch Müller, Fragm. hist. gr. No. 6 nicht bestätigt) und in den Excerpten aus einer Schrift von Diodor (De virt. et vit. p. 551). Hätten wir nicht Grund, von diesen Stimmen aus dem Altertume einige zu eliminieren, so wäre zugegeben, daß die Frage, ob Hippias der älteste der Söhne des Pisistratus gewesen sei, mit den vorhandenen Mitteln garnicht lösbar sei. Und dennoch hat die Geschichte entschieden. Wenn sie Hippias als den ältesten anerkennt, so meint sie doch offenbar, daß die in historischer Beziehung geringeren Stimmen bei solcher Frage neben Herodot und Thukydides (dessen Werk ja in allen seinen Teilen für echt galt) nicht in betracht kommen dürfen. Und doch waren unter den verworfenen Stimmen selbst die eines Plato und Aristoteles, bei denen bedeutende historische Bildung vorausgesetzt werden muß. (Daß man keinen Grund hatte, sie in dieser Frage von jenen beiden Historikern zu trennen, habe ich oben gezeigt.) Ich sage also: wenn die Geschichte es jetzt verschmäht im Hinblicke auf Herodot und Thukydides den Widerspruch des Pseudo-Plato und Älian zu berücksichtigen, so geschieht das doch nicht nach einem erst erfundenen, sondern für die Geschichte notwendigen und natürlichen Verfahren, und sicherlich haben sich auch schon im Zeitalter des Thukydides solche Gründe in annähernder Weise geltend gemacht. Darum meine ich, neben den schon früher mitgeteilten Gründen, warum in dem Abschnitte VI 54—59 nicht der unverfälschte Thukydides vorliege, auch diesen geltend machen zu müssen, daß die Beweise gegen den Glauben der Menge kein Verständnis für das historische Bedürfnis verraten und daher nicht einem Manne zuzuschreiben seien, für dessen Begabung das Werk so viele Belege bietet.

Jetzt begegne ich noch andern möglichen Einwendungen, die einen Schein für sich haben könnten. Die Gegner meiner Ansicht und der Annahme eines späteren Herausgebers und Überarbeiters des thukydideischen Geschichtswerkes höre ich so sprechen: Mögen nun auch die Stellen bei den Autoren des fünften Jahrh. und die bei Plato und Aristoteles falsch gedeutet worden sein, als stünden

sie im Widerspruche mit der schon in Herodot vertretenen Geschichte; aber es sind doch bei noch späteren griechischen Schriftstellern bis auf Älian herab Stellen angegeben als solche, die
mit dem wahren Berichte über die Pisistratiden im Widerspruche
stehen. Wenn nun der mutmaßliche Bearbeiter des Thukydides
doch nicht gar noch später als Älian gesetzt werden kann, so
bleibt ja das, was vorhin (von mir) als undenkbar bezeichnet
worden ist, bestehen: nämlich der alte historische Fehler erscheint
in Schriften trotz des vorher deutlich ausgesprochenen Protestes
des Thukydides gegen die falsche Meinung. Für jene Autoren
war ja auch' der überarbeitete Thukydides immerhin Thukydides.
Wenn also doch trotz dieser mit Protest gegebenen Verbesserung
durch Thukydides der falsche Glaube noch bei späten Autoren
sich findet, so kann man ja bequemer, ohne alte Urteile umzustoßen,
statt auf einen Überarbeiter des Thukydides darauf schließen, daß
die falsche Meinung so weit verbreitet war und so fest wurde,
daß selbst der Protest des Thukydides nicht imstande war sie
zu beseitigen. — Nun meine Antwort: Mit den Stellen aus
späteren Autoren hat es z. T. dieselbe Bewandtnis, wie mit den
älteren; sie sprechen von Beseitigung der Tyrannen oder der
Tyrannis durch Harmodius und Aristogiton oder von Angriff auf
diese oder von Ermordung des einen der beiden Tyrannen; bei
Heraclid. Pont. ist unsichere Lesart. Zwei Stellen allein machen
eine deutliche Ausnahme, nämlich Pseudo-Plato (Dialog Hipparch 228) und Älian V. Hist. VIII 2. Hier nämlich wird ganz
ausdrücklich Hipparch der älteste von den Söhnen des Pisistratus
genannt. Doch gleichviel, mögen auch noch andere der späteren
Schriftsteller, z. B. Fragment Diodor. X 16, diesen Fehler enthalten; daß diese falsche Meinung irgend einmal bestanden habe,
unterliegt keinem Zweifel; sonst wäre es nicht möglich gewesen,
daß jemand gegen dieselbe Protest erhob. Wenn mir nur nicht
zugemutet wird zu glauben, daß sie schon zu Thukydides' Lebzeiten
allgemein war, also zu einer Zeit, in welche hinein das Zeugnis
der Augenzeugen jener bestrittenen Sache noch Einfluß übte; und
zweitens, wenn ich nur nicht glauben soll, daß irgend jemand, der
den historisch falschen Bericht gab, dies that im bewußten
Widerspruche mit Herodot und Thukydides. Beide Zumutungen

werden aber an uns gestellt, wenn wir, wie bisher, glauben sollen,
daß Thukydides für seine Zeitgenossen den falschen Glauben mit
großem Aufwande von Beweismitteln bekämpfen mußte, und daß
er ihn für Autoren wie Plato und Aristoteles, die doch sicherlich
den Herodot sowie den Thukydides gut gekannt haben, dennoch
vergeblich bekämpft habe. Ganz anders steht die Sache, wenn
der Widerspruch nur bei solchen Autoren, wie Pseudo-Plato und
Älian sich findet. Wenn seit der fraglichen Sache schon soviel
Zeit verstrichen ist, daß das Andenken derselben nur noch auf
Schriftdenkmale und dgl., nicht mehr auf Zeugnisse Lebender sich
stützte, so ist der Irrtum bei der großen Menge derer, welche ihre
Kenntnis aus jenen Quellen nicht schöpfen, leicht erklärlich. Und
daß dann ein solcher Irrtum auch in Schriften, wenn nur nicht
in streng historische und in diejenigen historisch Gebildeter, ge-
langte, ist auch nicht auffallend. Versetzen wir uns in die Zeit
des Verfassers des pseudoplatonischen Dialoges Hipparchus, sei
dieser Verfasser nun der Schuhmacher Simon gewesen, der sich
des Sokrates noch erinnerte, oder gehörte er, wie andere meinen,
einer viel späteren Zeit an. Jedenfalls war im vierten Jahrh. das
Büchermaterial sehr angewachsen; es ist begreiflich, daß ein Mann,
der nicht historisch gebildet war, in einer nicht historischen Schrift
gelegentlich bei Erwähnung einer Thatsache der Vergangenheit
zufällig die falsche (populäre) Form der Überlieferung trifft,
ohne Bewußtsein davon, daß Herodot und Thukydides anders berichten, wenn er auch beide Autoren einmal in der Hand gehabt
hat. Vielleicht aber war das letztere nicht einmal der Fall, wenn
er ein Mann von überhaupt geringerer Bildung war und wenn doch
der ionische Dialekt von seiner Herrschaft in der Prosa schon
soviel eingebüßt hatte, daß eine genaue Bekanntschaft mit Herodot
nicht so ohne weiteres bei jedem Hellenen vorausgesetzt werden
durfte. Was nun den Älian anbetrifft, der ja wenigstens eine
umfassendere Bildung gehabt haben muß, so brauche ich nicht
einmal auf seine geringere Bedeutung als Historiker hinzuweisen,
da er als einzige Quelle für seinen Bericht an jener Stelle ja
selbst den Pseudo-Plato angiebt, wobei er noch an die Möglichkeit
glaubt, den echten Plato vor sich zu haben. Jetzt erst vermag
ich die Berichtigung bei Thuk. VI 54 zu begreifen. Ist sie von

Thukydides selbst schon ausgeführt, so ist sie unbegreiflich. Wohl aber ist Folgendes ganz gut denkbar: Das Werk des Thukydides, ursprünglich vielleicht in knapper Form angelegt und unvollendet hinterlassen, ist in dieser Form entweder garnicht herausgegeben oder doch bei den Hellenen nicht recht durchgedrungen (jedenfalls ist ja bekannt, daß sich für Würdigung desselben seitens des früheren Altertumes direkte Beweise nicht finden). Da kommt jemand darauf (und vielleicht gar ein Nachkomme des ursprünglichen Autors), ihm durch Überarbeitung größeren Umfang und Aufputz zu verleihen, aber mit möglichster Schonung des altertümlichen Rostes, und so setzte er auch seine Zuthaten auf Rechnung des ursprünglichen Autors. Daß er sich in solchen Zuthaten in unüberlegter Weise (auch in sprachlicher Beziehung) vergriff, das führt zu seiner endlichen Entdeckung. Daß man diese Zuthaten, die auch erbitterte Gegner meiner Untersuchungen längst gemerkt haben, nicht in lauter unschuldige Interpolationen auflösen kann, ist nicht bloß meine, sondern auch die Meinung anderer (Vgl. v. Wilamowitz-Möllendorf, im Hermes 1885, Thuk. Daten). Jedenfalls aber erweist sich in der Zahl und z. T. auch in dem Umfange der Interpolationen das Vorhandensein von nicht unerheblichen Zuthaten und in den nachgewiesenen Mängeln derselben das Ungeschick dessen, der sie bewirkte. Dieses Ungeschick zeigt sich auch darin, daß er, bei gelegentlicher Erwähnung der Pisistratiden, die er bei Thuk. VI 53 vorfand, auf den Gedanken kam, eine historische Kontroverse zu schaffen, vielleicht im Hinblicke auf jenen Dialog Hipparchus, für dessen Verfasser er wohl den Plato selbst hielt, vielleicht auch im Hinblicke auf andere (oben schon genannte) Schriftstellen resp. Skolien, die eine falsche Deutung leicht zuließen. Er maß also diesem Irrtum eine zu große Bedeutung bei, übersah, daß bei Thuk. I 20 nicht von einem Irrtum der Geschichte, sondern nur der Volksmasse die Rede sei, und da er ihn einmal für schon in so alter Zeit allgemein verbreitet hielt, wollte er ihn im Namen des alten Autors widerlegen. Daß er aber garnicht daran dachte, wie doch die Zahlen gegen das Vorhandensein eines solchen Irrtums, der schon zu des Thukydides Zeiten verbreitet gewesen sein soll, sprechen! Nun, ich meine, es war ihm das Vorhandensein des Irrtums in

Schriften eine so imponierende Thatsache, daß er das Nachrechnen
darüber vergaß. Damit habe ich jetzt den ersten Versuch ge-
wagt. Zunächst werde ich dafür Spott ernten; der Dank wird
aber nachhaltiger sein. — Sollte gerade diese Stelle in den
Augen der Gegner meiner kritischen Untersuchungen geeignet
sein, den unvermeidlichen Spott anzubringen? Hier ließe sich ja
vielleicht über die bequeme Methode in der Forschung scherzen,
nach welcher Methode man die Ungereimtheiten in der Überlieferung dem stupiden Herausgeber aufbürde (so ungefähr lautete
der Ausdruck in einer Beurteilung, die gegen einen neueren Vertreter der Ansicht von der Überarbeitung des unvollendeten thukyd.
Werkes gerichtet war). Woran heftet sich, genau genommen,
der Scherz? Es ist doch mit demselben nicht etwa gemeint, daß,
wenn nun einmal müßige Kritiker auf einen Herausgeber verfielen,
der neben dem Autor existiert haben soll, sie sich lieber einen
recht gescheiten hätten zusammendüfteln müssen? Als ob nicht
gerade das Ungereimte und Mangelhafte einer von den Haupt-
gründen wäre, die zur Annahme eines Herausgebers oder Überarbeiters führten. Und recht viel Mangelhaftes und Unhaltbares
in dem überlieferten Werke erkennen ja auch unsere Gegner an.
Ist es wirklich zweifellos, daß es wahrscheinlicher sei, daß es eine
Mehrheit von Urhebern dieser Mängel gab, als daß dieselben
Einem, welcher seiner Aufgabe nicht gewachsen war, zuzuschreiben
seien? Ist der Spott aber dagegen gerichtet, daß wir nicht die
allerdings weniger bequeme Aufgabe übernehmen, die Ungereimtheiten durch Emendation zu beseitigen, nun, abgesehen von dem
anerkennenswerten Selbstvertrauen bei einem solchen Bestreben,
jedenfalls sind durch ein solches Verfahren die Ungereimtheiten bei
Thukydides nicht beseitigt und nicht zu beseitigen. Unsere Annahme läßt sich wenigstens konsequenter durchführen. — An dieser
Stelle aber mögen die Gegner mit ihrem Spotte besonders behutsam sein. Sie werden hoffentlich nicht über die Stupidität des
Herausgebers scherzen, weil er das Prüfen der Zahlen vergaß;
haben doch soviel gelehrte Leute bis jetzt es gleichfalls unterlassen.

  Wie aber nun? wird man sagen; ein Schriftsteller, der es
unternimmt, einem historischen Werke durch Überarbeitung einen
größeren Wert zu verleihen, ein solcher muß den Herodot gekannt

haben. Und doch ignoriert er, daß Herodot den richtigen Bericht hat? — Darauf zu antworten ist nicht schwer. Ich begreife viel leichter, daß zu einer Zeit, wo der ionische Dialekt in der Litteratur schon auf engere Grenzen beschränkt war, und lange Zeit nach dem Erscheinen des Werkes von Herodot, dieses nicht jedem Attiker so bekannt und geläufig war, als es dem echten Thukydides sein mußte. Aber es gehört doch auch die Frage, ob der echte Thukydides den Herodot gekannt habe, zu den ungelösten. Jedenfalls, hätte Thukydides selbst jenen Abschnitt VI 54—59 geschrieben, wäre auch hieraus sicherlich auf seine Unbekanntschaft mit Herodot zu schließen. Möglich auch, daß der Überarbeiter in der Rolle des Thukydides meinte, den Bericht des Herodot, den er vielleicht kannte, dennoch ignorieren zu müssen, weil ihm der Blick auf das Werk des ursprünglichen Autors die Unbekanntschaft desselben mit dem Werke des Herodot zu verraten schien und er nun meinte, auch in den Zuthaten diese vorgefundene Unbekanntschaft durchführen zu müssen.

So meine ich in der Episode VI 54—59 einen Bestandteil des Geschichtswerkes des Thukydides nachgewiesen zu haben, welcher im Vergleiche mit dem guten Kerne des Werkes als sehr minderwertig und des Autors unwürdig zu bezeichnen ist. Daß solche mangelhafte Zusatzstoffe nicht dadurch beseitigt werden können, daß man von ihnen Interpolationen ablöst, durch welches Verfahren der ursprüngliche Körper gereinigt werden soll, wie ein Stück Metall, das durch Hämmern an Umfang zwar verliert, aber an Wert gewinnt, sondern daß wir es mit weit tiefer eingreifenden Zuthaten eines ungeschickten Herausgebers oder Überarbeiters zu thun haben, das ist eine Ansicht, die ich, zu meinem Glücke, nicht mehr allein vertrete (Vgl. meine Arbeit „Studien zu Thukydides", Jahrbücher 1879, S. 353 ff. und v. Wilamowitz-Möllendorf, Hermes 1885, Thukyd. Daten S. 486 ff.)

Wer ist nun aber der Herausgeber, und zu welchem Zwecke ist die Überarbeitung gemacht? Wenn ich nicht schon in der Behandlung der Episode VI 54—59 zu Andeutungen hierüber veranlaßt worden wäre, so könnte ich mich auf eine Weise einer schwierigen Frage entledigen, die vielleicht vielen zusagen dürfte. Ohne Zweifel hinterließ Thukydides bei seinem Tode ein un-

vollendetes Werk, da diesem der letzte Teil des peloponnesischen
Krieges fehlt, er aber (V 26) erklärt, es solle die Ereignisse
aller 27 Jahre desselben enthalten. Aber auch abgesehen von
dem fehlenden Schlusse, Unfertigkeit zeigen auch die vorliegenden
acht Bücher, nach der Ansicht auch solcher Beurteiler, welche
ihre hohe Schätzung dieses Geschichtswerkes sehr betonen. Wem
fiel nun bei dem, wie man meint, jähen Tode des Thukydides zunächst die Aufgabe zu, das hinterlassene Werk nicht nur heraus-
zugeben, sondern auch die Lücken nach Möglichkeit auszufüllen?
Doch seiner Familie oder seinen Freunden. Seine Kinder waren
aber wahrscheinlich in Thracien aufgewachsen: von ihnen wäre
es nicht zu verwundern, wenn ihnen der bessere attische Ausdruck
nicht ganz geläufig gewesen sein sollte. Daher könnte ja einerseits das Ungeschickte und Holprige an vielen Stellen herstammen,
die gewagten und sonst nicht nachweisbaren Wortverbindungen,
wie sie keck jeder wagt, der einmal in die Notwendigkeit versetzt ist, sich einzubilden, daß er einer Sprache ganz mächtig sei:
anderseits die vielen Anlehnungen an den poetischen Sprachgebrauch. Man kann sich ja leicht denken, daß Thukydides, um
die hellenische Bildung seiner Kinder während der Verbannung
nicht zu vernachlässigen, sie viel auf geschriebene Werke anwies,
in jener Zeit vorzüglich Werke der Dichter: hier und da klingt
auch der ionische Dialekt der Prosa hindurch. Wir können ferner
uns leicht denken, daß von den Kindern sich keines der pietät-
vollen Arbeit an dem Werke des Vaters entziehen wollte, und
dann haben wir wieder die Möglichkeit zweierlei zu erklären,
nämlich die hier und da die Kritik herausfordernde Logik, welche
natürlich auf Rechnung der Tochter gesetzt werden dürfte (wir
sind ja ganz unter uns; Leserinnen giebt es für uns nicht), und
zweitens der oft große Umfang der Zuthaten, da doch die Kinder
das Werk recht stattlich aufputzen wollten. — Solche Annahmen
sind offenbar nicht so gar willkürlich. Erstens kommt es ja wirklich
vor, daß Arbeiten nach dem Tode des Verfassers von wohlmeinenden,
aber ungelehrten Angehörigen herausgegeben werden mit Zuthaten,
durch welche der Wert des Ganzen beeinträchtigt wird; ferner
sind ja die Kinder des Thukydides keine Erdichtung von mir, sondern
Berichte aus dem Altertume nennen nicht nur einen Sohn und

eine Tochter, sondern schreiben auch beiden Mitarbeit an dem Werke zu; der Tochter wurde sogar das ganze Buch VIII beigelegt. Diese Annahme wäre für mich also ganz bequem und würde auch dem Unmute derer wenig Anhalt bieten, welche mit ihren herabsetzenden Urteilen stets bei der Hand sind, wenn jemand sich erkühnt, Neues zu finden. Es ergeben sich mir aber außer dem, was ich schon in der Behandlung von VI 54—59 andeutete, noch andere Gründe, die Urheber der Zuthaten zu dem ursprünglichen Werke in einer späteren Zeit zu suchen. Mein Verfahren wird durch eine sich darbietende Parallele erleichtert. Da lese ich kürzlich von der Veröffentlichung einer schon im J. 1649 abgefaßten und erst jetzt gedruckten Geschichte des 30jährigen Krieges (nur bis zum Prager Frieden reichend). Der Herausgeber berichtet über den Verfasser, Jakob Wunderlichen von der Trybell, interessante Dinge, die alle dem Geschichtswerke selbst entnommen sind. Besagter J. W. von der Trybell berichtet, daß er, einer der größeren Grundbesitzer in Böhmen, schon die Anfänge des Krieges mit erlebt und dessen Größe vorausgesehen habe. Das habe den Entschluß in ihm wachgerufen, schon beim Beginne des Krieges anzufangen, die Geschichte desselben zu schreiben, und er habe bei allen Wechselfällen desselben diesen Entschluß festgehalten, auch nachdem er genötigt worden sei, mit dem Winterkönige flüchtig zu werden, und auch als er später sich Ernst von Mansfeld angeschlossen habe. Nach dem Tode dieses habe er bei den Schweden Dienste genommen und sei bis zum Westfälischen Frieden hin von ihnen zu Unterhandlungen verwendet worden, was ihm so rechte Gelegenheit gegeben habe, die zuverlässigsten Nachrichten über alle Ereignisse zu erhalten und sie seinem Werke einzuverleiben. Von diesem seinem Eifer für sein Werk spricht er an mehreren Stellen, besonders aber da, wo er zu dem Eingreifen Gustav Adolfs übergehen will. Er teilt hier mit, daß er auch die noch übrigen Kriegsjahre erzählen werde bis zum Westfälischen Frieden. Der Krieg habe gerade 30 Jahre gedauert, denn er sei, richtig betrachtet, vom J. 1618 bis zum J. 1648 nicht unterbrochen worden, und diejenigen seien im Irrtum, welche ihn in mehrere Kriege zerlegen wollten. Nachdem er die Gründe für seine Messung angegeben hat, fährt

er wörtlich so fort: „Und dieses ist auch das Einzige, worinne die
vaticinia derer astrologorum seynd ingetroffen, maßen ich gar wohl
eingedenk bin, daß sowohl im Anfange des Krieges als auch bis
selbig ein Endschaft nahm, mit der Weyssagung Viele oft ange-
stochen kamen, er müsse 30 Jahre tauern. Ich habe aber selbi-
gen ganz bis zu End erlebet, und damit ich aller fürnemsten Er-
äugnisse und fürtrefflichen Händel wohl bekundet wäre und
gewisseste Zeitung hätte, habe ich vielen Fleyß gebrauchet u. s. w."
— So J. Wunderlich von der Trybell. Wer sollte nicht über
die Auffindung einer so guten Geschichtsquelle sich freuen? Und
dazu stellt der Verfasser selbst sich ein so gutes Zeugnis aus und
setzt seine Qualifikation zum Geschichtschreiber jener Zeit in das
hellste Licht. Zwar will mir, wenn ich es recht erwäge, gerade
dieser Umstand nicht gefallen: denn es ist doch ein eigenes Ding
mit dem Eigenlob. Aber ich kann mich in der That erinnern,
gelesen zu haben, daß unter uns lebende angesehene Beurteiler
eines bekannten Geschichtswerkes in solchem Selbstlob des Verfassers Beruf zum Historiker erkennen. Natürlich ist das nicht ein
Fall, in dem einer unserer Zeitgenossen so zu seiner Empfehlung
spricht. Hat denn aber J. Wunderlich von der Trybell garnicht
an das Mißfallen seiner Zeitgenossen gedacht? Das scheint er
nicht nötig gehabt zu haben: denn er wendet sich offenbar mit
allen seinen Äußerungen, welche seine Person betreffen, über die
Köpfe seiner Mitwelt hinweg an die Nachwelt. Nur an diese
kann ja besonders die Mitteilung gerichtet sein, daß er den
Krieg bis zu Ende miterlebt habe. Denn für die Zeitgenossen
wäre das doch eine zu komische Notiz, da jene ja die Absicht
des Verfassers, den Krieg bis zum J. 1648 beschreiben zu wollen,
schon erfahren haben. Man könnte hier freilich sagen, daß auch
der Leser der Nachwelt nach dieser Notiz des Verfassers, nämlich über seine Absicht, den Krieg bis zum Ende zu behandeln,
keiner Mitteilung mehr darüber bedürfe, daß er, der Verfasser,
das Ende des Krieges noch erlebt habe. Er hatte ja keine Veranlassung, sich den Leser der Nachwelt so gar dumm vorzustellen.
Nun ist die Sache um so bedenklicher. Doch mag dies ein un-
begreifliches Versehen von Herrn Jakob Wunderlich von der
Trybell sein; kurz, er ist immer ängstlich um die Zufriedenheit

des Lesers der Nachwelt besorgt, wenn auch freilich die meisten
Schriftsteller ganz natürlicherweise vorzüglich von der Mitwelt
Beifall und Lohn erwarten, zumal da ein Schriftsteller doch nicht
genau wissen kann, ob er einmal auf die Nachwelt kommen werde.
Und gerade Herr Jakob Wunderlich von der Trybell war nahe
daran, dessen verlustig zu gehen: denn obwohl sein Werk gleich
nach dem Jahre 1648 abgefaßt war (vieles davon natürlich schon
früher), so war doch über 2 Jahrhunderte keine Spur des Vorhandenseins desselben: erst jetzt ist es ans Licht gekommen. Besonders aber hat mich gewundert, daß der alte Verfasser sogar
schon auf Differenzen Rücksicht nimmt, die in Äußerlichkeiten
der historischen Behandlung des 30jährigen Krieges, in bezug auf
die Frage, ob er nicht etwa in mehrere Kriege zu zerlegen sei.
in Zukunft entstehen möchten. Denn nur so verstehe ich seine
Meinung über die 30jährige Kontinuität des Krieges. Die Mitwelt, froh des leidigen Krieges ledig zu sein, hat doch gewiß
über dergleichen nicht gestritten, besonders weil der Gegenstand
ja ganz unerheblich ist und hauptsächlich die Feststellung der
Thatsachen in betracht kommt. Fast will es mir scheinen, als
solle mit dieser Notiz der Leser getäuscht werden. — Halt! Es
geht mir ein Licht auf. Es hätte mir längst aufgehen sollen. Du
bist unschuldig, biederer Herr Jakob Wunderlich, unschuldig an
meinem Mißtrauen gegen dich. Das waren Streiche von deinem
Herausgeber; aber an einer Stelle wenigstens hat sich dieser durch
die zu große Keckheit, mit welcher er in deinem Namen mit-
spricht, verraten. Denn wie kann der ursprüngliche Verfasser
versichern, daß die Astrologen die 30jährige Dauer des Krieges
vorausgesagt haben, und daß er, der Verfasser selbst, sowohl im
Anfange des Krieges als auch am Ende desselben viele oft habe
sagen hören, der Krieg werde 30 Jahre dauern? Das kann doch
nicht wahr sein. Gesetzt unter anderen Weissagungen der Astrologen wäre wirklich im Anfange des Krieges auch diese gewesen,
daß er 30 Jahre dauern werde, woher kam den vielen, die dies
nachbeteten, die Erkenntnis, daß gerade diese Weissagung die
richtige sei? Man glaubt doch eher, was man wünscht, und
sicherlich haben auch nicht die Schwarzseher gleich im Anfange
einen so langen Krieg vorausgesehen. Hier haben wir es offenbar

mit einer groben Erdichtung zu thun. Unmöglich aber kann diese
schon in dem spätestens 1649 abgefaßten ursprünglichen Trybellschen Werke stehen. Denn so sehr es Herrn Jakob W. v. d. T.
auch um den Beifall der Nachwelt zu thun sein mochte, so konnte
ihm doch nicht entgehen, daß die Mitwelt über seine Lüge empört
sein und sie ihm in keinem Falle als einen Irrtum zu gut halten
werde. Das ist nicht die Gestalt des Irrtums. Es lebten ja
damals noch viele Leute, welche, gleich dem Verfasser, noch den
Anfang des Krieges gesehen hatten, und bei denen er sich durch
eine dem Irrtum so gar nicht ähnliche Erdichtung um alle Glaubwürdigkeit gebracht haben würde und so auch seinen Lieblings-
wunsch, auf die Nachwelt zu kommen, von vornherein vereitelt
hätte. Anders steht die Sache, wenn solche Bemerkungen, wie
die über das Eintreffen der Weissagung, von einem viel späteren
Überarbeiter des Werkes herrühren. Hundert Jahre nach ·der
ersten Abfassung, ja noch früher, konnte ein Bearbeiter des
ursprünglichen Werkes es schon wagen, damit den Lesern so
recht nahe gelegt werde, ein wie inniges Verhältnis der Verfasser
zu seinem Gegenstande gehabt habe, kurz damit der oft trockene
· Bericht des ursprünglichen Werkes recht interessant werde, dies
und das hinzuzufügen, also auch die Versicherung, daß er selbst
schon im Anfange des Krieges und dann weiter bis zu dessen
Ende von vielen die Weissagung gehört habe, der Krieg werde
30 Jahre dauern. Wie schade, daß das Manuskript von Trybells
eigener Feder, durch welches meine Vermutung bestätigt werden
könnte, nicht mehr existiert! Aber wäre wohl wirklich jemand
imstande und willens, sogar jene über die Weissagung handelnde
Stelle als Wahrheit, als echten Text des ursprünglichen Werkes,
zu schützen? — Es wird sich darüber niemand ereifern; es haben
alle längst gemerkt, was ich mit dem Trybellschen Werke meine,
und daß alles, was ich darüber gesagt habe, genau auf des Thukydides Werk und den peloponnesichen Krieg paßt. Wie lautet nun
das Urteil Junker Alexanders? Das Selbstlob des Thukydides,
seine Berücksichtigung der Nachwelt, sein eigener Hinweis auf
den besonderen Vorzug seines Werkes sind bekannt. Ebenderselbe, bei Gelegenheit seiner Polemik gegen solche, die nicht von
einem kontinuierlichen Kriege von 27 Jahren sprächen, sondern

von mehreren Kriegen (mit Rücksicht auf die Friedenspause), sagt
V 26 ausdrücklich, daß sich hiermit auch das Orakel erfüllt habe,
welches einen 27jährigen Krieg verhieß, und er selbst erinnere
sich, sowohl zu Anfang des Krieges als auch bis zu dessen
Schlusse von vielen das Orakel, daß der Krieg dreimal neun
Jahre dauern müsse, anführen gehört zu haben. Will jemand bestreiten, daß das doch in keinem Falle wahr sein könne? Oder
sollen wir glauben, daß der am Astrologenhimmel waltende Juppiter
allerdings ein solches Wunder nicht habe vollbringen können, der
in Delphi verehrte Apollo aber es vermocht habe? Natürlich
bleibt garnicht ausgeschlossen, daß irgend ein uns unbekannter
alter Darsteller des peloponnesischen Krieges ebenfalls von einem
solchen Orakel gesprochen haben könne, sogar wie von einer
Sache, an die man zu glauben scheint, wenn man von ihr auch
nur gehört hat. So läßt auch Plutarch (Nic. cp. 9), wohl nach
einer älteren Quelle, an der Stelle, wo er von dem in Aussicht
stehenden Frieden des Nikias erzählt, durch den Mund friedens-
bedürftiger Hellenen diejenigen gescholten werden, welche einen
dreimal neun Jahre dauernden Krieg geweissagt haben, und
teilt mit, daß jene um so bereitwilliger nach einmal neun Kriegs-
jahren Frieden schließen. Aber erstens sagt er nicht, daß schon
im Anfange des Krieges viele von der Weissagung eines
27jährigen Krieges sprachen, zweitens ist Plutarch kein Zeitgenosse des peloponnesischen Krieges, und es ist auch nicht anzunehmen, daß er die Sache einem Zeitgenossen desselben nacher-
zählt. Bei einem späteren Geschichtschreiber ist es garnicht
auffallend, die Weissagung schon vor den Frieden des Nikias gelegt zu finden, während es doch so natürlich ist, daß, wenn die
Weissagung von einer dreimal neunjährigen Dauer des Krieges
im Verlaufe desselben überhaupt vorhanden war, sie erst entstand,
als die Hoffnung, die man schon gehegt hatte, nach neun Jahren
das Kriegswetter hinter sich zu haben, sich nachträglich als eine
voreilige erwies; wahrscheinlich sogar erst nach zweimal neun
Jahren. Hätte eine solche Weissagung schon im Anfange des
Krieges bestanden, Aristophanes hätte sich dieselbe sicherlich nicht
entgehen lassen. Wenn aber wirklich ein Geschichtschreiber
schon zu den Zeitgenossen des peloponnesischen Krieges von einer
schon zu Anfang dieses Krieges bekannten die 27jährige Dauer

desselben ankündigenden Weissagung sprechen durfte, ohne Furcht
sich lächerlich zu machen, dann, wahrlich, hatte auch der bekannte
Erzähler Anspruch darauf mit Ernst angehört zu werden, der die
Zeitgenossen des siebenjährigen Krieges lange nach demselben
daran erinnert, daß die Dauer desselben schon vorher bekannt gewesen sei. Antwortete doch ihm, dem Erzähler selbst, Friedrich
der Große beim Ausmarsch aus Berlin auf die Frage „Wohin,
Majestät?" von seinem Schimmel herab leutselig: „In den siebenjährigen Krieg."—

Wie, wenn nun das Gewicht eines schon so schwerwiegenden
Argumentes noch verstärkt werden könnte? Und das ist wirklich
der Fall. Wenn nämlich diese Versicherung eines Zeitgenossen des
peloponnesischen Krieges, daß er schon zu Anfang des Krieges
die Weissagung über die 27jährige Dauer desselben oft gehört
habe, ihm von denen, die gleichfalls Zeitgenossen waren, als ein
Irrtum sollte nachgesehen werden, so müßten sie ihm sofort einen
zweiten nicht minder groben Irrtum zu gut halten, der in den
gleich folgenden Worten liegt (man bedenke nur, wie groß dann
die Menge der Irrtümer und Seltsamkeiten sein müßte, die der
echte Thukydides wegen der Abschnitte VI 54—59 und V 26 zu
verantworten hätte). Er sagt nämlich gleich im Anschlusse an
das Orakel, daß dieses das einzige sei, welches sich sicher erfüllt
habe. Ist es aber denkbar, daß von demselben Verfasser, der
im Anfange des Werkes wiederholt umständlich das Orakel mitgeteilt hat (I 118 u. II 54) des Inhaltes, daß der Sieg, unter
Beistand des Gottes selbst, den Peloponnesiern gehören werde,
wenn sie den Krieg mit Nachdruck unternähmen, ist es denkbar
daß dieses Orakel, welches so bekannt war, daß auf dasselbe
in öffentlicher Rede bezuggenommen wurde, von demselben Verfasser und Zeitgenossen des peloponn. Krieges in V 26 gänzlich
vergessen worden sei? Ist es denkbar, daß er sich so seine Zeitgenossen, denen er seine Geschichte als so glaubwürdig anpreist,
durch diesen doppelten greifbaren Irrtum zum Gespötte machen
werde, wenn er V 26 erstens das Orakel über die 27jährige Dauer
schon im Anfange des Krieges von vielen gehört zu haben versichert, und zweitens in demselben Athemzuge bemerkt, dieses
Orakel allein sei sicher in Erfüllung gegangen? Im zweiten Falle
haben die Zeitgenossen sogar ein noch grösseres Recht zum Spotte

als im ersten. Denn sie konnten ihm die Erfüllung des Orakels
über den Ausgang des Krieges (welche Erfüllung ja bei solchen
Orakeln, bei der bekannten Fassung mit dem Bedingungssatze, nie
ausblieb), nicht nur aus ihrer eigenen Erinnerung entgegenhalten,
sondern ihn auch noch, zur Stärkung seines Gedächtnisses, auf
sein eigenes Werk verweisen. Ferner ist ja die Erfüllung dieses
Orakels I 118 u. II 54) viel zweifelloser eingetroffen, als die des
Orakels über die 27jährige Dauer, wenn doch V 26 der Verfasser
selbst von einer anderen Auffassung, nach welcher der Krieg
nicht 27 Jahre dauerte, wenigstens redet. Warum die Ausleger
zu V 26 auf dieses widersprechende Orakel (I 118) garnicht verweisen, ist mir vollkommen unbegreiflich. Man wird doch nicht
einwenden, dieses Orakel beziehe sich nur auf den 10jährigen
Krieg, sei also wirklich nicht erfüllt worden? Nun aber, gerade
nach der Ansicht des Verfassers von V 26 über die Kontinuität
des Krieges wurde es zuletzt doch erfüllt! Und das sollte einem
und demselben Verfasser, wenn er über beide Orakel nach der
ihm bekannten historischen Wahrheit genau berichtete, entgangen
sein, daß er an der zweiten Stelle einen scheinbaren Widerspruch
mit der ersten zu vermeiden habe? Undenkbar. Nur ein Überarbeiter eines fremden Werkes konnte einen solchen Irrtum begehen.

Es erinnert mich die Stelle V 26 auch an des Geschichtschreibers in seinem Werke wiederholt hervortretende Sorge, die
Leser über seine Person zu orientieren und sich ihnen zu empfehlen, und zwar schon mit einem Hinblicke auf die Nachwelt.
Diese Sorge steht doch sicherlich damals vereinzelt da. Wo finden
wir Ähnliches bei anderen Autoren jener Zeit? Wenn dieselben
sich hätten in solcher Weise bemerkbar machen wollen, so hätten
sie es wohl in irgend einer Form gethan. Daß sie es unterließen,
hat wohl einen inneren Grund, besonders in den alten echt re-
publikanischen und gar demokratischen Staaten, in denen das
Individuum sich gewöhnte den Schein zu vermeiden, als ob es
begehre über die anderen weit hervorzuragen. Doch mag auch
dieses der Grund nicht sein (und es läßt sich Manches gegen diese
Begründung einwenden), jedenfalls scheint das in späteren Zeiten
geläufige Exegi monumentum und Non omnis moriar den Autoren
alter Zeit fremd zu sein bis auf das κτῆμα εἰς ἀεί . . . ξύγκειται des

Thukydides. Haben doch manche Autoren, abgesehen davon, was
auf der Bücherkapsel oder dgl. über ihre Persönlichkeit gestanden
haben mag, in ihrem Werke selbst sogar über die Autorschaft
den Leser in Ungewißheit gelassen. Zugegeben nun, daß Thukydides von seinen Zeitgenossen eine bewußte Ausnahme machte
und die Leser der Nachwelt durch den Zusatz ἐπεβίων δὲ διὰ
παντὸς αὐτοῦ über diesen Vorzug seines Zeitalters ausdrücklich
unterrichten wollte, so muß man es doch seltsam finden, nachdem
der Verfasser den früheren Teil des Krieges, an dessen Spitze er
die Mitteilung stellte, daß er ihn gleich im Anfange des Krieges
zu schreiben begonnen habe, geschlossen und eben gesagt hat, er,
derselbe Thukydides, wolle den folgenden Teil bis zur Auflösung
der Bundesherrschaft Athens und bis zur Besetzung der Befestigungen
und des Peiraieus hinzufügen, und nachdem er weiter unten mitgeteilt hat, er selbst habe das einen siebenundzwanzigjährigen
Krieg verheißende Orakel zu Anfang und zu Ende des Krieges
von vielen oft gehört, da muß man doch höchst seltsam finden,
daß er auch dieses hinzuzufügen für nötig hält, er selbst habe
diesen ganzen Krieg von Anfang bis Ende erlebt. Er, dieser Thukydides, dem man eifrig nachrühmt, daß er nicht überflüssige Worte mache,
müßte ja geglaubt haben, irgend welche der zukünftigen Leser
seines Werkes könnten trotz seiner oben angeführten so bestimmten
Angaben dennoch über sein Zeitalter nicht genau unterrichtet
sein. Eine so nachlässige Ausdrucksweise ist unter Voraussetzung
desselben Verfassers wohl nicht denkbar; es konnte aber denkbarer
Weise ein Text, der so falschen Schein erregt, wohl entstehen,
wenn durch Überarbeitung Gedanken Verschiedener mit nicht
genügender Sorgfalt gemischt wurden. Zu diesem Urteile wird
man gedrängt unter Voraussetzung der gewöhnlichen (hergebrachten)
Deutung von ἐπεβίων δὲ διὰ παντὸς αὐτοῦ, wonach diese Worte
ohne die folgenden als Erläuterung des μέμνημαι gelten. Nun
aber scheint diejenige Deutung, nach der dieselben Worte mit
αἰσθανόμενος τῇ ἡλικίᾳ eng verbunden den Sinn haben „ich war
während des ganzen Krieges ein ἡλίκος αἰσθάνεσθαι, am Anfange
nicht zu jung, am Ende nicht zu alt" (v. Wilamowitz-Möllendorf,
Hermes XII 327), auf den ersten Blick dem Übelstande abzuhelfen. Hiernach würde der Zusammenhang folgender sein: „Dieses
Orakel über die 27jährige Dauer des Krieges, das zu Anfang

und zu Ende des Krieges oft gehört wurde, habe ich ganz gut im Gedächtnis; ich war ja im Anfange des Krieges nicht zu jung und am Ende nicht zu alt, um es mir entgehen zu lassen". Hier ist also mehr ausgesagt, als die bloße Gleichzeitigkeit mit dem Kriege, nämlich Gleichzeitigkeit verbunden mit der von Seiten des Alters nicht gehinderten Urteilsfähigkeit. Doch wie selbstverständlich ist auch dies, nach dem, was der Leser über das Zeitalter des Verfassers aus dem vorangehenden Teile bereits weiß, und wie zwecklos weitläufig drückt sich der Verfasser besonders für den Leser der Mitwelt aus, der doch wenigstens für das Vorhandensein eines Orakels, das am Ende des Krieges gehört wurde, keiner Versicherung bedarf, am allerwenigsten dieser, daß der Berichterstatter am Ende des Krieges noch nicht zu alt war, um es sich entgehen zu lassen. Und was machen wir dann mit den garnicht abtrennbaren· Worten καὶ προσέχων τὴν γνώμην . . . . . . εἴσομαι? Können die auch mit μέμνημαι in Zusammenhang gebracht werden? Sicherlich nicht ohne den größten Zwang. Nach Classens Meinung freilich geht es; danach dienen die Worte ἐπεβίων δὲ . . . „zur Begründung ·zunächst der Glaubwürdigkeit des μέμνημαι ἔγωγε, dann aber auch zum Nachweise seines (des Thukydides) Berufes als Geschichtschreibers des pelop. Krieges." Wie soll aber die zeitliche Begründung eines vereinzelten und an sich so unbedeutenden Faktums (Erinnerung an die Weissagung) mit der so vielbedeutenden Qualifikation zum Geschichtschreiber ohne allen Übergang zusammengestellt worden sein? Es bleibt nun nichts übrig, als die Begründung des μέμνημαι aufzugeben und in den Worten ἐπεβίων δὲ . . . . . εἴσομαι nichts weiter zu suchen, als den Hinweis des Verfassers auf seine Qualifikation zum Geschichtschreiber, nämlich auf seine für diesen Gegenstand geeignetste Zeitgenossenschaft und auf seinen Eifer. Dabei ist aber doch dies sehr mißlich, daß ein Zusammenhang aufgegeben werden muß, der durch die Wahl des Ausdruckes (μέμνημαι, ἐπεβίων διὰ παντὸς αὐτοῦ) beabsichtigt zu sein scheint, ja als ein beabsichtigter sich aufdrängt.· Kurz, man drehe und wende die Sache so und so, es wird immer ein grober Mangel bleiben, der zur Annahme nötigt, daß er von einem und demselben Verfasser nicht herrührt, sondern durch eine nicht sorgfältige fremde Hand entstanden ist. Und bei der letzten der oben gezeigten Deutungen von ἐπεβίων δὲ . . .

εἴσομαι würde sich auch wieder die Vermutung aufdrängen, daß
der Überarbeiter jedenfalls einer viel späteren Zeit angehört als
der ursprüngliche Verfasser. Denn der Vorzug, den ganzen Krieg
in zurechnungsfähigem Alter durchlebt zu haben, ist doch in den
Augen der Zeitgenossen des echten Thukydides von keiner so
großen Erheblichkeit, daß sie müßten besonders darauf aufmerksam
gemacht werden, und nun gar, während sie es längst wissen. Für
die Zeitgenossen war das nichts so gar Besonderes; das konnte
ja jeder Funfziger von sich sagen. Die Bemerkung scheint eher
nach dem Leser der Zukunft hinüberzuschielen. Für diesen ist
das Zeitalter des Verfassers nicht mehr so selbstverständlich, und
er muß es für einen großen Vorzug einer in seine Hände ge-
langenden Darstellung des pelop. Krieges ansehen, wenn der Verfasser derselben zugleich vollgültiger Zeuge des ganzen be-
schriebenen Krieges ist.

Ähnlich wie mit dem Blicke auf den Leser der Zukunft
verhält es sich mit der weitgehenden Rücksicht auf den fremden,
nichtathenischen Leser. Wie groß war denn damals die hellenische
Welt, daß das Archontat in Athen durch einen Relativsatz als
ein Amt bezeichnet werden mußte, das nur ein Jahr dauerte
(I 93)? oder daß von Acharnä gesagt werden mußte, es gehöre
zu den sogenannten Demen Attikas (τῶν δήμων καλουμένων)?
Auch zu ganz bekannten Lokalitäten Athens wird hier und da
ein καλούμενος hinzugefügt. Es ist vielleicht nicht erwähnenswert in der Verbindung mit Λεωκόριον, Πελασγικόν u. a.; aber
neben Κεραμεικός (VI 57 1) und Πνύξ (VIII 97, 1) muß· es doch
wohl befremden, um so mehr, als weit weniger bekannte Lokalitäten dieses Zusatzes entbehren (z. B. Ἀνάκειον, VIII 93). —
Während ich diese letzten Zeilen schreibe, habe ich, nach ge-
machten Erfahrungen, ein gewisses Gefühl von der Entrüstung
der Gegner über solche kleinlichen, tendenziösen Düfteleien. Nun
freilich, viel läßt sich aus solchen Dingen allein nicht schließen,
und ich würde sie gar nicht vorgebracht haben, wenn sie nicht in
dem Bedeutenderen, was ich in dieser Richtung ermittelt und vor-
angeschickt habe, eine Stütze fänden. Aber was die Entrüstung
oder die Spöttcleien anbetrifft, da möchte ich doch den Herren
Gegnern auch hier einen Wink geben, recht behutsam zu Werke
zu gehen. Wir haben hier gerade ein sehr auffallendes Beispiel

vor uns, daß dieselben solche Bedenken, wic ich sie jetzt ge-
äußert habe, für ganz berechtigt halten. So äußert sich Classen,
die Gründe gegen dic Überlieferung ἔξω ἐν τῷ Κεραμεικῷ (VI 57)
aufzählend (Anh. S. 200) u. a. so: „Sollte nicht der Name
Keramcikos für einen Stadtteil bei den Lesern des Thukydides als
so bekannt und geläufig angenommen werden müssen, daß die Bezeichnung καλούμενος für den Gesamtnamen (nämlich den inneren
und den äußeren Kerameikos) unbegreiflich erscheint?" „Unbegreiflich". Soweit ging ich garnicht. Mir schien es nur befremdlich; aber auch das ist schon hinreichend, um Classens Emenda-
tionsvorschlag (ἐν τῷ ἔξω Κεραμεικῷ statt ἔξω ἐν τῷ K.) für
gerechtfertigt zu halten. Aber unbegreiflich bleibt mir dabei,
daß er καλούμενος und ähnliche für Nichtathener oder Nichtzeit-
genossen berechnete Zusätze (S. oben) nicht auch, aus ganz denselben Gründen, unbegreiflich findet, ebenso daß ihm die vielen
Seltsamkeiten· aus VI 54—59 und aus V 26, die ganz unbegreiflich sind, wenn sie von dem echten Thukydides berrühren sollen,
nicht einmal befremdlich sind. Hier haben wir wieder einen recht
deutlichen Beleg dafür, daß durch Emendationen allein die Rätsel
im Thukydides nicht gelöst werden können. Man sollte daher
auch uns, die wir andere Wege zeigen, mit etwas mehr Wohlwollen anhören. Ich meine aus dem vielen, was ich oben als
sonst, d. h. ohne meine Deutung, unbegreiflich oder doch befremdlich aufgewiesen habe, den aus der Rolle fallenden Überarbeiter
des ursprünglichen Werkes zu erkennen, der sich an eine er-
dichtete Nachwelt wendet, in der er sich selbst befindet, die für
ihn Mitwelt ist. Jedenfalls läßt sich meine Deutung mit Konse-
quenz anwenden.

Hiermit schließe ich meine kritischen Gedanken über Thuk.
VI 54—59 und V 26, die sich mir beim Lesen dieser Stellen
aufdrängten. Wer den Ergebnissen derselben nicht zustimmen
kann — und meine Erfahrungen lassen mich nicht auf allseitige
Zustimmung hoffen — der thut gut meine Arbeiten über ähnliche
Untersuchungen, die ich später zu veröffentlichen gedenke, garnicht erst zu lesen. Sie werden ihn ebensowenig überzeugen.
Und darum keinen Groll. Nur darüber muß man nicht nur
empfindlich, sondern sogar unwillig sein, wenn anders Urteilende
in ihren öffentlichen Widerlegungen sich so nichtiger Argumente

bedienen, daß man auf den ersten Blick sieht, es solle damit der vermeintlich guten Sache wegen eine neue Ansicht in den Augen der Welt zu den widerlegten registriert werden. Gegen solche Gegner habe ich denn auch mit der Zeit eine Redeweise gelernt, die in meinen ersten Arbeiten nicht anzutreffen ist. Ich werde darauf weiter unten noch einmal zurückkommen müssen.

Welches ist denn aber die gute Sache, welche wir schädigen, und warum wird denn unsere Art der Kritik an manchen Stellen so mißfällig aufgenommen? Etwa weil sie nachweist, daß in der Überlieferung bei Thukydides soviel Ungereimtes stecke, was so lange unbemerkt geblieben ist? Man dürfte das eigentlich nicht für den Grund halten. Denn auch auf der anderen Seite sind Männer, die bei Thukydides recht viel Ungereimtes, Unhaltbares, unvermeidlich der Verbesserung Verfallenes finden. In dem zuletzt Genannten liegt der Aufschluß. Erkläre für unhaltbar, so viel du willst, aber erkläre sogleich dazu, du habest durch eine Emendation von sehr geringem Umfange den Anstoß beseitigt. Hätte einer von diesen Männern meine Beobachtung über VI 54 ff. und V 26 gemacht, so würde er das sicherlich für verdienstlich halten; er würde aber durch Einklammern einiger Worte die Schwierigkeit für gehoben erklären. Wahrlich, gegen diesen Standpunkt der Kritik hat der meinige wenigstens den Vorzug, mich gegen den Vorwurf der Überhebung sicherer zu stellen. Natürlich sind ja auch in der Überlieferung des Werkes von Thukydides Fehler anzutreffen, die durch mechanisches Versehen der Abschreiber, durch Klügelei eines Lesers u. dgl. entstanden sind, und ihre Beseitigung ist verdienstlich. Durch Emendationen aber, die aus solchen Gesichtspunkten gemacht werden, lassen sich nicht alle Ungereimtheiten aus Thukydides hinausschaffen. (S. meine Studien zu Thuk. Jahrbb. 1879, S. 391.) Hier will ich besonders die jetzt überhandnehmende Aufstellung von Glossemen an einigen Beispielen besprechen. Die Fülle ist so groß, daß ich nur eine beliebige Stelle meiner Aufzeichnungen aufzuschlagen brauche. Ich treffe auf die Emendationen, die Cobet in Mnemosyne VIII, S. 436 ff. vorschlägt.

Auch mir ist immer bei Thuk. IV 4 die unerträgliche Geschwätzigkeit aufgefallen, die ein wahrer Hohn ist auf das diesem Autor nachgerühmte Streben, das er mit allen energisch denkenden

Geistern teile, nicht überflüssige Worte zu machen. (Classen.
Einleitung zur Ausg. III pg. LXXXIV.) Sie ist besonders unerträglich in den Worten: „und den Lehm, so oft er irgendwo
in Anwendung kam, trugen sie (nämlich die Athener, welche die
Befestigung von Pylos improvisierten) aus Mangel an Gefäßen auf
dem Rücken, und zwar gebückt, damit sie so in jedem Falle ihm
festen Halt verliehen, und die Hände nach hinten verschränkt,
damit er nicht herunterfiele." Immer sah ich in solchen Ausführungen die Arbeit eines Stubengelehrten, dem es an Anschauung
fehlt. Dachten denn die wie gewisse Schwalben sich plackenden
Athener garnicht daran, daß auf jedem Schiffe sich Axt, Säge,
Nägel, Bretter u. dgl. befanden und daß man so, auch abgesehen
von der εὐπορία ξύλων (cp. 3), zum Tragen von Lehm völlig genügende ἀγγεῖα herstellen konnte, sogar ohne die Bretter ihrer
ursprünglichen Bestimmung ganz zu entziehen? Wie wenig ist
also gewonnen, wenn nun Cobet die beiden Finalsätze als duplex
fatuum additamentum streicht. Und nun müßten wir ja überall
dasselbe Verfahren anwenden, wo uns die Breite unerträglich erscheint; und die Anzahl solcher Stellen ist, trotz der diese Thatsache gänzlich verschweigenden Darstellungen der thukyd.
Schreibweise, recht groß. Ich greife als Beispiel einen Fall
heraus, der mir immer so ganz besonders merkwürdig erschien
und auch in den neuesten Ausgaben ohne Anstoß passiert, VII 8.
Hier werden die Erwägungen des Nikias mitgeteilt, warum er zu
dem mündlichen Berichte seines Boten an das athenische Volk
noch einen Brief hinzuzufügen für gut findet (weil ein Bote
manchmal ungeschickt mit dem Worte sei, manchmal auch was
vergessen haben könne, manchmal auch absichtlich etwas ver-
schweige u. s. w.). Es klingt, als habe diese zwingende Not der
eben erst von Nikias entdeckten Gründe ihn zum Erfinder des
Briefschreibens gemacht, während wir aus demselben Thukydides
ersehen, daß Übersendung von Briefen schon über ein halbes
Jahrhundert früher eine ganz bekannte Sache ist, ja, daß Nikias
selbst bei jener Gelegenheit von seinen zahlreichen früheren Briefen
an das athenische Volk spricht (cp. IX). Hier liegt offenbar ein
fatuum addimentum ersten Ranges vor. Wie viel soll nun ge-
strichen werden? Ja, in dem Quantum steckt gerade die
Schwierigkeit; wie mit stillschweigender Übereinkunft streicht man

immer nur Stellen von sehr geringem Umfange fort. Nur bei
III 17 und III 84 hat man beliebt eine sehr bemerkenswerte Ausnahme zu machen. — Fassen wir noch eine von Cobet emendierte
Stelle ins Auge. In IV 6, 1 erklärt er die Worte οἱ Λακεδαιμόνιοι
καὶ Ἆγις (hinter νομίζοντες μὲν) für ein insulsum scolium. Hier
darf man erstens nicht 'einmal zugeben, daß die incriminierten
Worte den Sinn beeinträchtigen. Denn warum soll nicht das
gesamte peloponnesische Bundesheer, dessen Einfall nach Attika
berichtet wurde, gerade deswegen umgekehrt sein, weil für dasselbe die Besorgnis des Agis und der Spartaner maßgebend war,
welche sich durch die von den Athenern ausgeführte Besetzung
von Pylos ganz besonders bedroht sahen? Aber nicht nur tadellos füllen jene von Cobet gestrichenen Worte ihren Platz aus,
sondern sie zeigen auch eine sehr bemerkbare Eigentümlichkeit
der thukyd. Schreibweise und sind gerade darum nicht einem
Scholiasten zuzuweisen. Eigentümlich oft ist bei Thukyd. das·
Particip. coniunct. mit eigenem Subjekt, anstatt des absoluten, wenn
dieses Subjekt in dem des regierenden Satzes miteinbegriffen ist,
(Οἱ Πελοποννήσιοι ἀνεχώρουν, νομίζοντες οἱ Λακεδαιμόνιοι καὶ Ἆγις).
Es wäre doch merkwürdig, wenn spätere Randemerkungen gerade
die Eigentümlichkeiten des Autors aufwiesen (Vgl. meine Bemerkungen zu III 17 und III 84, Jahrb. 1879, S. 390). Nun
aber noch ein drittes Beispiel für solche, welche an Häu-
fung von interessanten Zufällen glauben. In IV 4, 1 streicht
Cobet auch die Worte ὑπ' ἀπλοίας (hinter ἡσύχαζεν) als ineptum emblema. Erstens wird wohl das ineptum schwerlich einleuchten. Ohne die Worte ὑπ' ἀπλοίας bleibt ja ganz uner-
klärt, warum die anfangs sich weigernden Athener sich dann mit
Eifer an die Befestigung von Pylos machten. In dem σχολάζουσι
kann doch dieser Aufschluß nicht liegen, da ja nicht ein-
zusehen wäre, warum sie, statt die Fahrt nach Sicilien fortzu-
setzen, am Strande von Pylos sich langweilten. Nun aber noch
ein anderer Grund; und da wird sich zeigen, daß es Cobet ergeht,
wie es jemanden gehen kann, der einem künstlich gefügten
Haufen, z. B. einer Pyramide von Früchten, die eine Tafel
zieren soll, eine gefälligere Gestalt verleihen will. Er zupft hier
und da eine die Harmonie des Ganzen nach seiner Meinung
störende Frucht heraus, weiß aber nicht, wie dieses Ganze vom

Kunstgärtner gefügt worden ist. Er meint jedesmal nur eine
Frucht herauszuziehen; da ihm aber entgangen ist, daß bisweilen
eine ganze Gruppe derselben mit den Stengeln zusammenhaftet,
so reißt er wohl einmal mit seinem Zupfen das ganze Gefüge ein.
So will Cobet mit der Streichung von ὑπ' ἀπλοίας einen in die
erzählte Handlung eingreifenden Zufall beseitigen, als ob sich
dieser wie ein hier fremdes Element eingeschlichen habe, bemerkt
aber nicht, daß der Darsteller das ganze Drama von Pylos und
Sphakteria auf einer Menge von verhängnisvollen Zufällen aufge-
baut hat. Ob das auch anderen entgangen sein mag? Ich erinnere mich garnicht, daß irgend jemand hierauf aufmerksam gemacht habe. Halten wir einmal Musterung über diese Zufälle.
Verhängnisvoller Zufall ist es, daß die athenischen Schiffe durch
Sturm nach Pylos getrieben wurden; denn die Strategen hatten
ja den Vorschlag, hier zu landen, schon abgelehnt und wollten
eigentlich nach Kerkyra fahren. Verhängnisvoller Zufall war es,
was sie auf den anfangs verworfenen Plan des Demosthenes, den
Platz zu befestigen, veranlaßte einzugehen: sie bequemten sich
dazu aus langer Weile, in welche sie die eintretende Windstille
versetzte. Verhängnisvoller Zufall war es, daß gerade zu der
Zeit, als die Athener wider ihren ursprünglichen Willen ihren
Abstecher nach Pylos machten, die Lakedämonier ein Fest
feierten, das sie nach ihrer bekannten Weise am Ausrücken ver-
hinderte, während sie sonst, trotz ihrer Langsamkeit und Unter-
schätzung des Gegners, doch vielleicht noch die Gefahr im Keime
erstickt hätten. Verhängnisvoller Zufall war es, daß das peloponnesische mobile Heer durch Eintreten ungünstiger Witterung
genötigt war, Attika zu räumen; denn hätte es länger Attika
bedrängen können, so hätten sich ja nicht so große Streitkräfte
von Land- und Seemacht bei Pylos konzentriert; die unglückselige
Besetzung von Sphakteria wäre vielleicht garnicht erfolgt, und
nimmer hätte es zu einem so bedeutenden Entscheidungskampfe
kommen können. Verhängnisvoller Zufall war es, daß die Spartaner die schmalen Zufahrten zu dem Sunde nicht sperrten, wie
sie doch zu thun beabsichtigt hatten (cp. 13, Ende); hätten sie
es nicht zufällig versäumt, so wäre die folgenschwere Abschneidung
der Heeresabteilung auf Sphakteria nicht eingetreten. Ein verhängnisvoller Zufall war es, daß Demosthenes gegen den ersten

Anlauf der Feinde seine Leute alle, auch die Schiffer, noch be-
waffnen konnte; wäre nicht zufällig das messenische Kaperschiff
noch angekommen, und hätte es nicht mit Waffen, wenn auch
notdürftig, ausgeholfen, so hätte das Häuflein Athener, trotz der
günstigen Position, dem zahlreichen, gut ausgerüsteten, ungestüm
andringenden Feinde doch wohl nicht widerstehen können, und alle
folgenden verhängnisschweren Ereignisse wären nicht eingetreten.
Ein verhängnisvoller Zufall war es, daß gerade kurz vor dem
Entscheidungskampfe der Wald auf der Insel abbrannte und, abgesehen von den mannigfachen Unterstützungen, die dem Angreifer
hierdurch zu Teil wurden, die Schwächen der Gegner bloßgelegt
und der Erfolg viel mehr gesichert wurde; denn wären die Athener
durch dieses zufällige Ereignis nicht begünstigt worden, so wäre
Demosthenes, eingedenk seiner Mißgeschicke im Waldgefechte des
vorigen Jahres, nicht so entschieden vorgegangen, der erste Angriff wäre vielleicht mit Verlusten verbunden und nicht erfolgreich
gewesen, und dann hätte Kleon doch wohl einsehen müssen, daß
seine politischen Gegner Recht hatten, und daß man sich nun zum
Frieden bequemen müsse. — Jetzt sehe ich manchen Leser un-
gläubig nach dem Thukydides greifen und nachsehen, wie viele
dieser folgenschweren Zufälle ich tendenziöserweise hineininter-
pretiert habe. Aber er wird finden, daß ich oben nur von solchen
Ereignissen sprach, die Thukydides ausdrücklich selbst Zufälle
nennt oder denen er eine unerwartete Mitwirkung zuschreibt.
Wollte ich diejenigen Zufälle noch mitrechnen, die man aus seiner
Darstellung als mitwirkend nur erschließt, so wäre die Anzahl
noch größer. Nur an einem und dem anderen Falle will ich
zeigen, was ich meine. Ist nicht auch das ein Zufall, was zuerst
zur Entscheidung drängte? nämlich das zufällig unbedacht ge-
sprochene Wort des Kleon: „Wäre ich Stratege, ich würde die
Spartaner auf Sphakteria gefangennehmen." Es war ja dies
nicht sein Ernst; er war ja selbst erschrocken über die un-
beabsichtigte Wirkung seiner Äußerung, als Nikias ihn beim
Worte nahm, und wich anfangs aus. Gewiß spreche ich noch im
Sinne der meisten Leser des Thukydides, wenn ich auch das für
einen Zufall nach der Absicht des Autors halte, daß gerade dem
Kleon, dem niemand es zugetraut hatte, eine so entscheidende
That gelang. Daß der Geschichtschreiber diesen Erfolg als einen

ganz unerwarteten darstellen will, geht ja deutlich aus seinen
Worten (cp. 39, Ende) hervor: καὶ τοῦ Κλέωνος καίπερ μανιώδης
οὖσα ἡ ὑπόσχεσις ἀπέβη. Kurz, wohin wir auch immer blicken,
überall bemerken wir das Bestreben des Geschichtschreibers, die
Begebenheiten in Pylos und Sphakteria so darzustellen, daß bei
ihnen viel Zufälliges und ganz Unerwartetes zu tage kam. Dieses
παρὰ γνώμην, womit er in cp. 40 auf die bis dahin unerhörte
Thatsache hinweist, daß Spartaner ihre Waffen abgeben, findet
sich in diesem Abschnitte oft, wenn auch nicht immer mit demselben Wortlaute. Von dieser Vorstellung ist der Autor hier be-
seelt, daher denn auch der bei ihm so beliebte Hinweis auf Um-
schwung, Umkehrung der Verhältnisse, Rollentausch hier wiederholt vorkommt. So cp. 12, 3, ἐς τοῦτό τε περιέστη ἡ τύχη u. s. w.,
und cp. 14, 3, ἀντηλλαγμένου τοῦ ἑκατέρων τρόπου u. s. w., mit
welchen Worten auf eine Fülle des Unerwarteten aufmerksam gemacht wird.

Denkt nun noch jemand daran, die Worte ὑπ' ἀπλοίας mit
Cobet zu streichen?

Daß aber der Erzähler den unerwarteten Ausgang des Kriegs
jahres 425 durch die absichtliche Hinzufügung der Zufälle noch
interessanter machen wollte, ergiebt sich auch daraus, daß man
sich die genannten Zufälle wegdenken kann, ohne das Ganze
wesentlich zu beeinträchtigen. So erwähnt ja die andere alte
Geschichtsquelle für jene Zeit, Diodor (XII 61—63), von allen
diesen Zufällen auch nicht einen einzigen, obwohl es seinem Berichte, trotz des geringen Umfanges, an kleinen Zügen nicht fehlt.
Ja, einigen der bei Thukydides angeführten Zufällen widerspricht
Diodor geradezu.

Nach meiner Überzeugung ist der ursprünglich schlichte und
knappe Bericht über die Ereignisse von Pylos und Sphakteria
später von fremder Hand überarbeitet und ausgeschmückt worden,
wie schon die Ungleichheit der Sprache zeigt. Da ich solche
Erscheinungen bei Thukydides (Jahrb. 1879 S. 369 ff.) sehr ausführlich behandelt habe, so beschränke ich mich jetzt auf kurze
Andeutungen und Hervorhebung des Auffallendsten. Während
ganze zusammenhängende Abschnitte, z. B. cp. 15 u. 16, dann
cp. 21 u. 22, die schlichteste und klarste attische Prosa zeigen,
sehen wir in andern Kapiteln vereinzelt, in noch anderen ge-

häuft die sprachlichen Seltsamkeiten. Da finden sich die der
Poesie und späten Prosa angehörigen Ausdrücke, seltsame Wort-
bildungen, abweichender Gebrauch der Participia und dgl.
Sprachlicher Mangel zeigt sich mehrere Mal in sehr holprigen
Redewendungen, bei denen z. T. auch die Interpreten auf
das Ungewöhnliche aufmerksam machen. Mir scheint besonders
monströs die Wendung in cp. 26: αἴτιον δὲ ἦν οἱ Λακεδαιμόνιοι προαπόντες. Recht auffallend ist der sprachliche Mangel
in cp. 34. Hier giebt es wahre Marterstellen, obwohl es sich garnicht um schwierige Gedanken handelt, sondern nur ein Stück
von der Beschreibung des Angriffes auf die eingeschlossenen
Spartaner vorliegt. Von den Leichtbewaffneten der Athener wird
gesagt, daß sie mit zunehmender Geringschätzung des Gegners
vordrangen; als einer der Gründe folgt wörtlich: τῇ τε ὄψει τοῦ
θαρσεῖν τὸ πλεῖστον εἰληφότες πολλαπλάσιοι φαινόμενοι. Man wagt sich
garnicht einzubilden, daß man den Sinn gefaßt habe, obwohl er
durch fast wörtliche Übersetzung gewonnen wird (gemeint ist: „da
sie durch den 'Augenschein am meisten Zuversicht bekommen
hatten, indem sich zeigte, daß sie an Zahl vielfach überlegen
waren"). Die Sprache ist ein zugleich kunstvolles und marter-
volles Radebrechen. Trotz des geringen Umfanges fehlt es nicht
an Wiederholungen und inhaltlosen Erweiterungen. Daß der
Staub die Lakedämonier sehr hinderte, wird zweimal gesagt; daß
die Filzpanzer die schlimme Eigenschaft hatten die Pfeile durch-
dringen zu lassen und die Speerschäfte zu brechen ist ohne eine
weitere Erläuterung schwerlich zu verstehen. Anderseits finde.
ich in diesem Abschnitte des IV. Buches an einigen Stellen
eine Ausführlichkeit entwickelt, die an entsprechenden Stellen
sehr vermißt wird. So erfahren wir an einer Stelle, die sich auf
eine vor der Einschließung der Spartaner auf Sphakteria liegende
Zeit bezieht, die Anzahl derselben (cp. 8, Ende), in einer vor-
greifenden Bemerkung; diese Zahl wird später wiederholt (cp. 38);
dagegen von den miteingeschlossenen Dienern, von denen an der
ersteren Stelle die Rede ist und die später (cp. 16) durch den
Waffenstillstand ausdrücklich in die Verpflegung mitaufgenommen
werden, ist im Verlaufe der Erzählung gar keine Rede mehr.
Wir sind nur auf Vermutungen angewiesen, was ihre Zahl anbetrifft, die, wenn wir Ähnliches aus Herodot (z. B. IX 28) herbei-

ziehen, möglicherweise eine hohe war und bei den Schwierigkeiten der Ernährung und später bei der Verteidigung eine große
Rolle gespielt haben könnte. Daß sie an der letzten Verteidigung
überhaupt auch nur teilgenommen haben, ist nirgend erwähnt.
Sollen wir meinen, daß sie, als Heloten, für den Historiker gar
keiner Erwähnung wert waren? Das stritte doch gegen die Bedeutung, die er in cp. 26 gerade bei dieser Gelegenheit den Heloten beilegt. Des Überflüssigen findet sich außer dem, was oben
schon gelegentlich angeführt ist, noch Manches. Die breite Darlegung der Schwierigkeiten für den Angreifer beim Waldgefechte
ist um so entbehrlicher, als sie post festum kommt: denn der
Wald war garnicht mehr vorhanden. Besonders aber hervorzu-
heben ist der Grund, warum Athener und Spartaner beim ersten
Zusammentreffen bei Pylos, bei welchem letztere mit Schiffen an-
griffen, erstere die Landung hinderten, ihre Rollen vertauscht zu
haben schienen. Der Leser erfährt nämlich hier die erstaunlich
neue Thatsache, daß in jener Zeit die Spartaner vorzüglich im
Landkriege Ruf hatten, die Athener im Seekriege: eine schon
nach Allem, was der Leser aus den vorangehenden Büchern über
beide streitende Teile entnommen haben muß, sich seltsam aus-
nehmende Belehrung. Man denke sich, daß heute jemand eine
Geschichte des Krimkrieges schriebe und mitten in seinem Werke,
bei Erwähnung eines Falles, daß einmal Russen einen von Eng-
ländern okkupierten Punkt der russischen Küste zu Schiffe an-
griffen, auf den Einfall käme den Thukydides zu kopieren, aut
die Vertauschung der Rollen der beiden Kriegführenden hinzuweisen und dann hinzuzufügen: „nämlich die Sache ist so zu verstehen, daß doch gerade die Engländer ihre Hauptstärke in der
Seemacht hatten, die Russen in der Landmacht". Und stünde
dieses auch in einer Dorfzeitung oder in einem Kreisblatte, so
würde dennoch das Lesepublikum über jene Erläuterung lachen.
So schreibt man nicht über Dinge, die der zeitgenössische Leser
selbst kennt. Aber abgesehen von der befremdenden Erläuterung
ist doch der Hinweis auf den Rollentausch hier natürlich und
wohlangebracht, nicht so an anderen Stellen, z. B. cp. 14. Da
kommen die Athener in ihrem Elemente, zur See, an und stürmen
auf die feindlichen Schiffe, wo sie sie finden, auf dem Wasser
und am Strande, unter welchen Umständen natürlich auch das

Landheer der Spartaner eingreifen konnte. Wie soll nun hierbei die Umkehrung der Verhältnisse herauskommen? Das zeigt uns der griechische Text: οἱ Λακεδαιμόνιοι ἐκ γῆς ἐναυμάχουν, οἱ Ἀθηναῖοι ἀπὸ νεῶν ἐπεζομάχουν. Aber dergleichen kam ja fast in allen Seeschlachten jener Zeit vor, da sie in der Nähe der Küste geschlagen wurden. Die garnicht auffallende Sache muß nun einmal in das Prokrustesbett, in die Formel des Rollentausches und der Antithese, gestreckt werden. — Nicht viel glücklicher, wenn auch weniger gesucht, ist diese Form an einer dritten Stelle angewendet (cp. 29), wo über die Sphakteria blockierenden Athener gesagt wird, daß sie zur Entscheidung drängten μᾶλλον πολιορκούμενοι ἢ πολιορκοῦντες. Es ist dieses doch, selbst im Hinblicke auf die Strapazen und Entbehrungen bei der andauernden Blockade, mindestens eine zu starke Übertreibung; man bedenke, daß die Athener selbst vor jedem Angriffe völlig sicher waren und nach Belieben Ablösung eintreten zu lassen im Stande waren. Es war hier ihre Lage sehr verschieden von der vor Syrakus; zur Zeichnung dieser werden jene Worte zweckmäßig verwendet. — Und nun noch ein Merkmal, an dem ich den Überarbeiter zu erkennen meine: die logische Konfusion oder Leichtfertigkeit. In cp. 5 erfahren wir, daß außer der Festfeier auch Geringschätzung der Gefahr die Spartaner, welche daheim waren (im Gegensatze zu den mobilen, die in Attika im Felde lagen) abhielt das Befestigungswerk in Pylos zu stören. Sie meinten: „Wozu eilen? Sobald wir nur kommen, werden die Athener sofort davonlaufen, oder wir nehmen die Befestigung sofort." Echt spartanisch, wird man sagen. Merkwürdigerweise aber dachten die in Attika weilenden Spartaner ganz anders hierüber: sie kehrten auf die erste Nachricht von der Befestigung jenes Platzes eiligst nach dem Peloponnes zurück. Man wird einwenden, daß sie diese bessere Einsicht vielleicht einem Manne, wahrscheinlich dem Agis, verdankten. Gut. Aber da ist noch ein Grund angeführt, warum die in Sparta (nicht in Attika) befindlichen Streiter, abgesehen von ihrer Geringschätzung des Gegners, nicht sofort den Athenern entgegenrückten: dieser Grund ist die Abwesenheit des in Attika befindlichen peloponnesischen Heeres, also die Furcht, daß sie dem Gegner nicht gewachsen seien. Hiernach rücken sie aus zwei Gründen nicht sofort aus:

aus Geringschätzung des Gegners und aus Furcht vor demselben (genau genommen, mit Einrechnung des Festes, aus drei
Gründen, fast wie in der bekannten Erzählung von dem Berliner
Eckensteher, der seine Weigerung einen mittrinken zu wollen,
so motiviert: 1. trinke ich nie einen, 2. ist heute meiner seligen
Großmutter Todestag, 3. habe ich eben erst einen getrunken).
Ich würde kein Wort weiter verlieren, wenn ich nicht den herabsetzenden Urteilen der Apologeten des Überlieferten zuvorkommen
müßte. Ihre Sprache kenne ich ganz genau. Sie lautet hier:
„Ei, das meint ja Thukydides garnicht. Die Geringschätzung des
Gegners ist mit dem Warten auf die Rückkehr des mobilen
peloponnesischen Heeres wohlvereinbar. Die Spartaner wollten
sich das Fest nicht verkümmern lassen: sie meinten, das Warten
könne ihnen nicht schaden, und dann werde der Erfolg der ver-
einten Kräfte ganz gewiß sein." So etwa sprechen die Apologeten
gegen unsere Kritik; sie führen gegen uns das an, was etwa
hätte im Texte stehen können. Ich würde natürlich erwidern:
„O ja, das hat schon Sinn, steht aber nicht da, sondern es
ist an der ersteren Stelle (cp. 5) nur von den Spartanern
in Sparta selbst die Rede. Vorschläge, was im Texte etwa
stehen müßte, könnte auch ich machen: das wäre aber keine
Kritik. So hätte es auch ganz guten Sinn, wenn gemeint wäre,
daß es den Spartanern mit ihrer Geringschätzung der Gefahr
nicht Ernst war, und daß sie durch die Ruhe, mit der sie ihr
Fest weiter feierten, den Feinden nur imponieren wollten, während
sie in Wahrheit des sofortigen Angriffes sich nur darum ent-
hielten, weil sie erst die Rückkehr des mobilen Heeres aus
Attika abwarten wollten. Dergleichen zu erfinden ist nicht
schwer; aber offenbar kann man auch diesen Sinn in die Textesworte durch keine Interpretationskunst hineinlegen, selbst zugegeben, daß durch die Erwähnung, die schlimme Nachricht sei
gerade bei der Festfeier nach Sparta gekommen, auf das Folgende
etwas ironischer Ton falle (nach Classen). Diese Stelle aus cp. 5
ist ebenso mangelhaft im Gedanken, wie ungeschickt in der
Sprache. Das Partizip λτηψόμενοι, mit οἱ δὲ zu verbinden, muß in
Gedanken erst über das trennende Partic. absolut. ὡς ὑπομενοῦντας
σφᾶς hinübergehoben werden, und in den letzteren Worten ist
σφᾶς Objekt zu dem in demselben Kasus stehenden ὑπομενοῦντας,

während das Subjekt dieses Verbi sowie das Objekt zu λησόμενοι
entbehrt werden müssen. Sicherlich haben auch diejenigen Recht,
welche sich über ἐν Ἀθήναις (für ἐν τῇ Ἀθηναίων oder ἐν Ἀττικῇ)
wundern.

Zur Illustrierung des Bemühens um diejenigen Glosseme
(resp. Emendationen), welche in sehr verbreiteten Ausgaben von
den Herausgebern teils geschützt teils neu aufgestellt werden,
wähle ich eine Reihe von Beispielen aus Classens neuesten
Arbeiten, der zweiten Ausgabe von lib. VII und VIII.

Bei Thuk. VII 63 wendet sich Nikias, vor der Seeschlacht,
mit ermunternden Worten an die Schiffer, giebt ihnen zu bedenken,
welche besseren Aussichten auf Erfolg sie dieses Mal haben, und
dann noch Folgendes: ἐκείνην τε τὴν ἡδονὴν ἐνθυμεῖσθαι ὡς ἀξία
ἐστὶ διασώσασθαι οἳ τέως Ἀθηναῖοι νομιζόμενοι καὶ μὴ ὄντες ἡμῶν
τῆς τε φωνῆς τῇ ἐπιστήμῃ καὶ τῶν τρόπων τῇ μιμήσει ἐθαυμάζεσθε
κατὰ τὴν Ἑλλάδα καὶ τῆς ἀρχῆς τῆς ἡμετέρας οὐκ ἔλασσον κατὰ τὸ
ὠφελεῖσθαι ἔς τε τὸ φοβερὸν τοῖς ὑπηκόοις καὶ τὸ μὴ ἀδικεῖσθαι πολὺ
πλεῖον μετείχετε. Wären doch alle Stellen bei Thukydides so klar,
wie diese! Sie lautet in der einfachsten Übersetzung: „(ich fordere
euch auf . . . .) zu bedenken, wie lohnend es sei, jenes angenehme
Gefühl zu bewahren, daß ihr, die ihr für Athener geltet, ohne
es zu sein, bisher wegen der Kenntnis unserer Mundart und der Nach-
ahmung unseres Wesens in Hellas bewundert wurdet und an unserer
Bundesherrschaft hinsichtlich des Nutzens einen nicht geringeren
Anteil hattet, einen viel größeren aber in bezug auf den Respekt
bei den Unterworfenen und in bezug auf die Sicherheit davor,
daß euch ein Leid geschähe.“ — Dieser Sinn kommt heraus,
ohne daß an der Überlieferung etwas geändert zu werden
brauchte (τε statt δὲ und dgl. ist keiner Erwähnung wert). Und
die Sprache ist echt thukydideisch, ganz so wie Thukydides sie
in den Reden liebt, besonders wegen der wiederholten Anwendung
der antithetischen Form. Ist es nicht immer oberster Grund-
satz in der Texteskritik gewesen, das Überlieferte ohne einen von
der Exegese aufgezwungenen Grund nicht anzutasten? Nicht so
diejenigen Herausgeber, welche nach der jetzt beliebten Methode
in Glossemen und Interpolationen in Thukydides machen. So
streicht Classen unbarmherzig οὐκ ἔλασσον (andere wieder πολὺ
πλεῖον). Gründe: Im Anhange spricht er von „großer Über-

treibung“, wie sie der Gedanke mit Beibehaltung von οὐκ ἔλαττον
und πολὺ πλείον haben würde (gegen diejenigen, in deren Ausgaben beides beibehalten wird). Welche eigenmächtige und rück-
sichtslose Kritik gegen den an dieser Stelle so klaren Autor!
Nikias will in der Gefahr das Selbstgefühl der Seeleute, der
Metöken, erhöhen und sagt zu ihnen, die doch als Gewerbtreibende
ganz besonders Vorteil von der Bundesherrschaft Athens haben,
und als Matrosen die imponierende Seemacht Athens in den
Augen der Unterworfenen hervorragend repräsentieren, mit etwas
Übertreibung: „Unsere Bundesherrschaft verschafft besonders
auch euch Nutzen und Achtung, und letztere euch mehr noch,
als uns selbst, da durch euch immer den Unterworfenen die
Macht Athens anschaulich gemacht wird; ihr seid ihnen die be-
kanntesten Organe dieser Macht.“ Und wie trivial ist diese Be-
trachtungsweise. Vgl. z. B. den unbekannten Verfasser der Schrift
Ἀθηναίων πολιτεία, die unter den xenophontischen steht, cp. I 2:
καὶ γὰρ οἱ κυβερνῆται καὶ οἱ κελευσταὶ καὶ οἱ πεντηκόνταρχοι καὶ οἱ
πρωρᾶται καὶ οἱ ναυπηγοί, οὗτοί εἰσιν οἱ τὴν δύναμιν περιτιθέντες τῇ
πόλει πολὺ μᾶλλον ἢ οἱ ὁπλῖται καὶ οἱ γενναῖοι καὶ οἱ χρηστοί. Mag
diese Stelle hier auch gar keine Übertreibung enthalten; aber
Thukydides will offenbar den Nikias übertreiben lassen, und die
Übertreibung ist recht gut angebracht. Es ist oft in solchen
Momenten, wo die äußerste Kraftanstrengung durch Ansprache an
die Streiter erzielt werden soll, viel, sehr viel mehr übertrieben
worden als hier. In alter und in neuer Zeit hat nicht selten der
Heerführer auf den Willen der Krieger so einzuwirken gesucht,
wie man wohl, für den Augenblick, dem Willen von Kindern
beikommt. Also die Übertreibung an der Stelle ist gar kein
Grund zur Annahme eines Glossems. Dazu kommt, daß Classen
durch Streichung des οὐκ ἔλαττον den ganzen, so klaren Gedanken
verrenkt und verzerrt. Er sagt in der Anmerkung zu cp. 63:
Κατὰ τὸ ὠφελεῖσθαι, „in bezug auf den davon empfangenen
Nutzen,“ steht gegenüber dem θαυμάζεσθαι, und wird erläutert
durch die beiden Beziehungen: ἔς τε τὸ φοβερὸν τοῖς ὑπηκόοις καὶ
τὸ μὴ ἀδικεῖσθαι: insofern die der athenischen ἀρχῇ Unterworfenen
(οἱ ὑπήκοοι) Respekt vor ihnen hatten, und sie (von ihnen bei
ihren Unternehmungen) keine Beeinträchtigungen erlitten. Hiernach aber erscheint es unmöglich, daß der Vergleich zwischen

ἐθαυμάζεσθε und τῆς ἀρχῆς τῆς ἡμετέρας μετείχετε und die Gradbezeichnungen des Unterschiedes durch zwei Ausdrücke . . . οὐκ ἔλασσον und . . . πολὺ πλεῖον bezeichnet werden kann: einer ist unrichtig hinzugefügt, und, wie ich glaube, der erstere, weil der stärkere πολὺ πλεῖον der Tendenz des ganzen Gedankens mehr entspricht." — So Classen. Er postuliert also etwas, woran der ursprüngliche Autor garnicht dachte, wie man schon aus den antithetischen Gliedern sieht; Classen will einen Vergleich zwischen ἐθαυμάζεσθε und τῆς ἀρχῆς τῆς ἡμετέρας μετείχετε und auf dieses Postulat hin, wonach nur ein Ausdruck der Gradbezeichnung des Unterschiedes zulässig sei, streicht er οὐκ ἔλασσον. Ist jemals etwas so auf den ersten Blick Falsches zur Erklärung des Thukydides geschrieben worden, als jene Worte Classens! Wie kann man denn das Bewundertwerden wegen der Sprachkenntnis mit dem Anteil an der Bundesherrschaft, ganz inkommensurable Dinge, vergleichen wollen, und noch dazu mit Gradbezeichnungen? Wozu hat denn die geistige Bildung den Begriff und den Ausdruck „Inkommensurabel" geschaffen? Nach der obigen Erklärung von Classen könnte man ebenso im Ernste zu jemandem, der gut französisch spricht und zugleich Besitzer französischer Aktien ist, sagen: „Deine schöne Aussprache des Französischen wird zwar sehr bewundert, aber in höherem Grade noch sammelst du durch deine Aktien Reichtum." Übertreibe ich etwa im mindesten? — Es ist also erwiesen, daß Classen durch seine vermeintliche Emendation dem Werke des Thukydides einen ganz verkehrten Gedanken aufgebürdet hat. Aber abgesehen davon, kann denn, aus sprachlichen Gründen, πολὺ πλεῖον, in dieser Wortstellung, vor μετείχετε, etwas anderes heißen als „ihr hattet einen größeren Anteil?" (wobei die Beziehung auf einen geringeren Anteil oder auf eine andere Anteil habende Person vorschwebt. Man achte genau darauf, daß nach Classens Erklärung von denselben Personen, den ναῦται, ein höherer Grad des Anteils an der Bundesherrschaft als der Bewunderung für ihr feines athenisches Benehmen ausgesagt wird). Man sieht, auch aus sprachlichen Gründen, daß nicht einmal der ausgesprochene Zweck der Emendation erreicht ist. Wollte ja jemand etwas Sinn in die Stelle bringen trotz der Streichung des οὐκ ἔλασσον, so könnte er wohl versuchen in dem ἡμῶν τῆς φωνῆς τῇ ἐπιστήμη . . . εὐχαριζεσθε die Umschreibung oder Andeutung eines Anteiles zu finden (etwa: „diesen angenehmen Vorzug teilet ihr mit uns: größer aber noch ist euer Anteil an den Vorteilen unserer Bundesherrschaft"); dann würde wenigstens der falsche Gedanke, den Classen hergestellt hat, nicht so auffallend schlimm sein. Freilich immer noch erwartet man „bedeutungsvoller" statt „größer". Aber gesetzt auch, es käme ein Anhänger jener Emendation auf solchen Versuch (der doch schon wegen des μιμήσει mißlich ist: denn auf die wirklichen Athener paßt doch die μίμησις nicht), Classens Erklärung, in ihrer so bestimmten Fassung, läßt ja eine Mißdeutung seiner Meinung garnicht zu. So ist auch folgender Gedanke „ihr wurdet wegen der Kenntnis unserer Sprache . . . bewundert; was aber noch wichtiger ist (noch mehr sagen will): ihr hattet Anteil an den Vorteilen unserer Bundesherrschaft" von Classen in seiner Emendation nicht gemeint. Endlich noch ein Grund gegen seine Emendation, und zwar ein solcher von nicht geringem Gewichte. Während in der überlieferten Fassung, auf welche der ursprüngliche Verfasser sicherlich als auf eine wohlgelungene mit Freude hingeblickt hat, in schöner Gliederung auf der einen Seite der Nutzen steht, auf der anderen der Respekt in Verbindung mit dem Gefühle der Sicherheit vor Unbill, und auch ein sicherlich beabsichtigter Unterschied zwischen dem minder idealen Nutzen und dem idealeren Selbstgefühl und Rechtsbewußtsein hervortritt, ebenso ein gewählter Chiasmus zwischen dem vorangestellten οὐκ ἔλασσον und dem nachgestellten πολὺ πλείον, beseitigt Classen durch seine Streichung diese Vorzüge der schönen Form gänzlich und stellt in der Sache an uns die seltsame Zumutung, daß wir „in dem Respekt und dem Schutz (τὸ φοβερόν, τὸ μὴ ἀδικεῖσθαι) die beiden Seiten des Nutzens" sehen sollen. Und das spricht er noch dazu in rhetorischer Frage aus, zu denen gewendet, welche die Vulgata als verständlich deuten. Er fragt: „Sind aber nicht eben dieses die beiden Seiten des Nutzens?" Antwort: „Nein, nicht im entferntesten. Der Nutzen der Bundesherrschaft Athens für die Metöken (denn diese sind hauptsächlich mit den ναῦται gemeint, wie Classen selbst bemerkt) muß handgreiflich noch andere und beachtenswertere Seiten gehabt haben als die Erwägung „wir stehen im Respekt, mit uns bindet niemand leicht an."

Wer dächte nicht daran zunächst, daß den betriebsamen Metöken
durch die Erweiterung des Einflusses Athens in der hellenischen
Welt und darüber hinaus ein großes Arbeitsfeld für reichen
Erwerb und ein großer Markt geschaffen wurde! — Classen
schließt seine Belehrungen mit der Versicherung, daß die Streichung
des οὐκ ἔλαττον „unerläßlich" sei; ich schließe den Gegenstand
mit der Versicherung, die nach der obigen Darlegung sicherlich
einleuchten wird, daß nichts Falscheres gedacht werden kann als
jene Streichung Classens mit den von ihm angegebenen Gründen.

Ich habe diesen Fall an die Spitze von mehreren ähnlichen
gestellt, weil hier die Streichung von richtig überlieferten Textesworten eine solche Fülle von Fehlern im Gefolge hat; aber kaum
minder erfolgreich sind andere vermeintliche Emendationen Classens,
die er auch durch Streichung bewirkt, z. B. cp. 50. Da wird
mitgeteilt, daß gegenüber den dringenden Umständen der Eigen-
sinn des Nikias wankt. Er ist nicht mehr gegen das völlige Auf-
geben der Position vor Syrakus und nicht mehr gegen die Rückkehr des ganzen Heeres nach Athen. Demgemäß ergreifen die
Führer Maßregeln, und so lesen wir § 3: „οἱ δὲ τῶν Ἀθηναίων
στρατηγοί . . . . προεῖπον ὡς ἠδύναντο ἀδηλότατα ἔκπλουν ἐκ τοῦ
στρατοπέδου πᾶσι καὶ παρασκευάσασθαι ὅταν τις σημήνῃ." So ist die
Überlieferung aller Handschriften, und ich wiederhole es auch
hier: Wäre nur alles bei Thukydides so ganz klar, wie diese
Stelle! Ich übersetze sie hiermit ganz genau: „Die Strategen
sagten so unbemerkt sie konnten den Abzug aus dem Lager allen
an und daß man sich fertig machen sollte, sobald das Zeichen
gegeben würde" (natürlich „sagten an", s. v. a. „ließen ansagen",
nach bekanntem Sprachgebrauche). Der Sinn ist garnicht anfechtbar. Der Befehl zum gänzlichen Verlassen der Position muß
ja an alle gegeben werden. Nehmen wir an, es sei auch hier
verfahren worden, wie sonst wohl, wo es sich nicht darum handelte
das Lager für immer zu verlassen, und wo wohl nur die Vor-
gesetzten den Zweck des befohlenen Auslaufens der Flotte vorher
wußten; nehmen wir an, daß auch in unserem Falle die Führer
der Abteilungen, ohne vorangehende Mitteilung an alle, zur befohlenen Zeit das Signal, sei es zum Ausrücken oder sei es erst
zum Fertigmachen, gegeben hätten; würde da nicht viel Heer-
gerät und viel Privateigentum einzelner im Stiche gelassen worden

sein? (Und wir wissen ja von Thukydides selbst, daß letzteres im Heere der Athener vor Syrakus geführt wurde.) Man kann doch nicht annehmen, daß die Flotte sich bis dahin bei dem jedesmaligen Ausrücken zu den kriegerischen Operationen immer mit diesen Dingen belastete und aufhielt. Ja, ich behaupte, daß, selbst wenn πᾶσι nicht dastände, selbstverständlich sei, daß προεῖπον diesmal an alle einzelnen, nicht bloß die Führer, gerichtet war, ebenso wie in dem ἔκπλουν ἐκ τοῦ στρατοπέδου auch in dieser Kürze das gänzliche Verlassen des Lagers leicht erkennbar ist, nach den Andeutungen, die der Text kurz vorher enthielt. — Ein so bedeutungsvoller Befehl aber, den jeder im Heere ohne Ausnahme einige Zeit vor der Ausführung erfahren muß, nicht bloß die Führer der Abteilungen oder Schiffe, bringt doch eine Aufregung der Gemüter und eine sichtbare Gährung der Menge hervor, wenn er nicht mit Vorsicht mitgeteilt wird; und dies könnte dem lauernden Feinde auffallen. Daher wählten die Strategen den am wenigsten auffallenden Modus der Mitteilung an alle. Hiernach sind die überlieferten Worte προεῖπον ὡς ἀδηλότατα ἠδύναντο ἔκπλουν ἐκ τοῦ στρατοπέδου πᾶσι vollständig klar. — Wenn nun aber der Ankündigung des bevorstehenden Aufbruches nichts hinzugefügt wurde, so war doch natürlich sofort nach Kenntnisnahme jeder gezwungen mit Einpacken zu beginnen und dann lauernd das Zeichen zum Aufbruche zu erwarten, der sich noch hinziehen konnte, da sich die Führer natürlich den möglichsten Spielraum ließen, um den geeignetsten Moment zu erspähen. Das Fortlassen irgend einer Angabe, wann das Rüsten beginnen solle, hätte den doppelten Nachteil gehabt, daß einerseits das sofort nach Mitteilung der bevorstehenden Abfahrt, noch bei hellem Tage, begonnene Packen aller den Feinden doch auffallen, und anderseits das möglicherweise lange Lauern des zum Aufbruche gerüsteten Heeres unliebsame Erschlaffung herbeiführen konnte. Daher der Zusatz zur Ankündigung des bevorstehenden Gesamtaufbruches: „Fertigmachen erst dann, wenn das Signal gegeben wird!“ Natürlich das Signal zum Fertigmachen, παρασκευάσασθαι ὅταν τις σημήνῃ. Bei jedem geordneten Heerwesen wissen doch die Führer, in welcher Zeit sich ein jeder und der ganze Trupp oder die ganze Flotte zum völligen Aufbruche fertig machen kann. Die athenischen Führer gedenken also den Befehl zum Fertig-

machen, d. h. also hier doch wohl zum Anbordschaffen der Sachen
und Personen (denn was hierzu wieder als Vorbereitung dient,
kann ja eher ohne Aufsehen schon vorher abgemacht werden),
gedenken also diesen Befehl noch so zeitig zu geben, daß der
Aufbruch, für den sie inzwischen die genaue Zeit festgesetzt
haben, nicht aufgehalten wird. — Dieses alles liegt ganz klar in
den überlieferten Worten. Auch die Konstruktion, daß von προεῖπον
ein Akkusativ (ἔκπλουν) und dann, durch καί nebengeordnet, ein
Infinitiv (παρασκευάσασθαι) abhängt, hat für den Leser des Thukydides garnichts Auffallendes; und Classen bestätigt ja das auch
ausdrücklich. Warum strich derselbe dennoch schon vor Jahren
καί und erklärt in der letzten Auflage (Anhang zu cp. 50) sich
zu einer Änderung seiner Erklärung nicht veranlaßt zu sehen?
Hören wir ihn. Er giebt (S. 168) im Hinblick auf die Vulgata
(καί παρασκευάσασθαι) Abresh Recht, der es auffallend findet, daß
die Vorbereitung erst geschehen solle, wenn der Befehl zum Aufbruche gegeben wurde. — Meine Erwiderung: „Nein, nicht zum
Aufbruche, sondern eben zum Rüsten; ganz so wie es im Texte
steht (und wie ich es eben als ganz zweckmäßig nachgewiesen habe),
nicht nach unbegreiflicher Willkür der Interpreten." — Classen
weiter: „Doch ein viel größerer Übelstand der Vulgata liegt zunächst darin, daß nach derselben ὡς ἠδύναντο ἀδηλότατα sich an
προεῖπον anschließen müßte, während es doch klar ist, daß es
nicht darauf ankommt, daß der Befehl möglichst geheim erteilt
werde, sondern daß die Vorbereitungen zum Aufbruche nicht von
den Feinden wahrgenommen werden." Meine Erwiderung: „Auch
mit diesem zweiten viel größeren Übelstande der Vulgata ist es
nichts; denn es ist, wie ich oben gezeigt habe, sehr klar, daß
ein Befehl, der an alle gelangen soll, auf eine nicht auffallende
Weise mitgeteilt werden muß." — Classen: „Sodann aber wäre
πᾶσι, das in der Vulgata ebenfalls von προεῖπον abhängen müßte,
ein sehr müßiger Zusatz." Hinter πᾶσι läßt er in Parenthese die
Frage folgen: „τοῖς τριηράρχοις oder στρατηγοῖς?" Welche Frage!
Natürlich keiner von beiden, sondern wie es dasteht, alle, alle
Leute, ohne Ausnahme, was ja bei einem gänzlichen Verlassen
des Lagers ganz natürlich ist. Also ist πᾶσι durchaus kein
müßiger Zusatz. So ist an der Überlieferung alles klar und
läßt sich so ganz zwanglos deuten. Wer wollte nun noch mit

Classen καὶ streichen? — Aber Classens geänderter Text ist doch wenigstens an sich tadellos, abgesehen von der Zwecklosigkeit der Textesänderung? Nein, nach seiner eigenen Deutung sicherlich nicht. Hier muß ich einmal die Formel tantum abest, ut . . . ut auf Classen anwenden, deren er sich (zu Thuk. II 35) gegen mich bedient. Er selbst hält seine Erklärung für gut, trotzdem, daß er zu bemerken scheint, daß sie Mißliches im Gefolge habe. So soll πᾶσι heißen „in jeder Hinsicht". Ja freilich, was kann bei Thukydides nicht alles in sprachlicher Hinsicht als vorkommend belegt werden (so lange nicht jemand die Belegstellen als Interpolationen beseitigt); aber natürlicher ist es doch jedenfalls πᾶσι als Maskulinum mit προεῖπον zu verbinden. (Der Leser Classens wird bemerken, daß dieser, S. 168, für seine Emendation die natürlichere Verbindung von ἔκπλουν παρασκευάσασθαι statt προεῖπον ἔκπλουν καὶ παρασκευάσασθαι geltend macht. Für πᾶσι wird dieser Grund nicht herangezogen). — Aber Grenzen der Freiheit hat die Sprache doch selbst bei Thukydides; das ὡς ἀσηλότατα ἠδύναντο, das sich nach der Vulgata so leicht und dem Sinne so ganz angemessen mit προεῖπον verbindet, mit Classen zu παρασκευάσασθαι zu ziehen, also den Indikativ des Präteriti in dem Sinne von ὡς ἂν δύνωνται oder ὡς δύναιντο zu brauchen, ist doch, bei aller Freiheit des Gebrauches des Indikatives selbst in indirekter Redeform, hier, bei einer Handlung, die für das logische Subjekt eine erst erwartete sein soll, für welche ein Grad der Steigerungsfähigkeit garnicht bestimmt ist, ausgeschlossen. Doch da hiervon selbst Stahl den Emendator nicht überzeugt hat, so schreite ich gleich zum Schlusse der Betrachtung seiner Emendation, die an dieser Stelle recht ergötzlich ist. Frohlockend über sein Werk (die Streichung des καί), von dem er sah, daß es gut war, sagt er wörtlich: „Endlich aber gelangt auch ὅταν τις σημήνῃ erst durch die Verbindung von ἔκπλουν παρασκευάσασθαι zu seiner richtigen Geltung, nämlich so, daß zu σημήνῃ nicht παρασκευάσασθαι, sondern ἔκπλουν oder ἐκπλεῦσαι zu verstehen ist." — Hört! Hört! Oben, auf derselben Seite, pflichtet er Abresh bei, „der es mit Recht auffallend findet, daß die Vorbereitung erst geschehen solle, wenn der Befehl zum Aufbruche gegeben würde." Das letztere kann doch nur auf παρασκευάσασθαι ὅταν τις σημήνῃ bezogen werden. Er spricht davon

als von einem Übelstande der Vulgata und bringt mit Bezug
darauf gleich „einen viel größeren Übelstand derselben zur
Sprache: hier, am Schlusse derselben Belehrung, empfiehlt er
gerade das, was er eben als Übelstand der Vulgata bezeichnet
hat!! So zu lesen in Classens Thukydides, Buch VII ² S. 168.
Vielleicht wird dennoch mancher Leser, welcher Classens Ausgabe
nicht zur Hand hat, einen so groben Widerspruch noch nicht recht
glaublich finden. Ich füge also auch Classens eigene Übersetzung
der Stelle hinzu (S. 167): „Sie gaben den Befehl, die Ausfahrt
aus dem Schiffslager so unbemerkt wie möglich in jeder Hinsicht
vorzubereiten, sich zur Ausfahrt auf alle Weise fertig zu machen,
sobald das Zeichen dazu gegeben werde." Und zu diesem „dazu"
bemerkt er S. 168, daß zu σημήνη nicht παρασκευάσασθαι, sondern
ἔκπλουν oder ἐκπλεῦσαι zu verstehen ist. — Und Classen, der in
seinen eigenen Gedanken und Worten den groben Widerspruch
nicht sah, will andere, die sich über Widerspruch mit klaren
Gründen äußern, der zu wenig scharf eindringenden Prüfung
zeihen! (S. Thuk. ed. Classen, II ³, Anh. zu cp. 35.) Diesen,
seinen eigenen Widerspruch wenigstens wird er doch nicht für
einen vermeintlichen oder scheinbaren erklären?

Nun noch ein Wort zu meiner Erklärung, nach welcher
Emendationsversuche, die auch andere angestellt haben, ganz überflüssig sind. Sollte vielleicht jemand das Signal zum Aufbruche vermissen? Die Erwähnung desselben ist nicht nötig. Thukydides führt
nur diejenigen Befehle an, die unter den besonderen Umständen
erwähnenswert sind: 1) Alle sollen erfahren, daß es sich diesmal um Heimkehr handele, damit nichts Wertvolles zurückgelassen
werde; 2) Fertigmachen erst dann, wenn hiezu das Signal gegeben wird, aus mehreren denkbaren Gründen, besonders aber
wohl darum, damit man, wenn irgend möglich, zum Beladen der
Schiffe die Dunkelstunde abwarte, wo man es eher unbemerkt
thun könne und auch nicht Gefahr laufe, von den Feinden zur
See angegriffen zu werden, was doch, wenn befrachtete Schiffe bei
der Flotte sich befänden, mißlicher wäre. Alles Übrige erfolgt
in gewohnter Weise, wahrscheinlich, wie auch das Vorhergehende,
garnicht bei lauten Signalen. Man gab auch wohl, um unbelästigt
abziehen zu können, täuschende Signale (z. B. Xenoph. Anab. II 2, 4).

Noch eine der von Classen behandelten Stellen des VII. Buches
will ich hier besprechen, um das jetzt so beliebte Werk, das Auf-
finden einer Interpolation, im Embryo zu zeigen. In cp. 75 ist
die Streichung von Textesworten noch nicht eingetreten, sondern
ist erst „als das sicherste Mittel, dem Satze abzuhelfen" bezeichnet.
Sie steht also für die nächste Auflage bevor, trotzdem daß der
so schlimmer Diagnose verfallene Satz sich wohlbefindet, wie ich
sogleich zeigen werde. In jenem Kapitel wirft der Geschichtschreiber einen Blick auf die traurige Verfassung des von Syrakus
zu Lande abziehenden athenischen Heeres und sagt u. a. in § 5:
„Und wie alle Anderen, sowie jeder imstande war, alles Brauch-
bare trugen, so trugen in ungewöhnlicher Weise auch die Hopliten
und Ritter ihren Proviant selbst, noch außer den Waffen, teils
weil sie keine Diener hatten, teils weil sie ihnen nicht trauten;
denn die waren teils früher, teils, und zwar die meisten, erst
später zu den Feinden übergelaufen. Doch auch das, was sie
trugen, war nicht ausreichend; denn es war kein Proviant mehr
im Lager." Nun schließen sich folgende Worte an: „καὶ μὴν ἡ
ἄλλη αἰκία καὶ ἡ ἰσομοιρία τῶν κακῶν ἔχουσά τινα ὅμως τὸ μετὰ
πολλῶν κούφισιν οὐδ' ὡς ῥᾳδία ἐν τῷ παρόντι ἐδοξάζετο." Die wörtliche Übersetzung lautet: „Und wahrlich, der gleiche Anteil an
den Übeln (dieses gleichmäßige Ergriffenwerden, so daß niemand
von den Übeln verschont bleibt; meine Erklärung von ἰσομοιρία.
Der Verf.) und das sonstige Ungemach, wenn es auch in dem
„mit vielen" (in der sprüchwörtlichen Gemeinschaft mit vielen)
etwas Linderung hatte, wurde auch so in jenem Augenblicke nicht
als leicht empfunden." — Der Leser wird schwerlich ahnen, daß
diese Stelle ein Tummelplatz für Verbesserungsvorschläge geworden ist, und daß hier Classen die ultima ratio bei verzweifelten
Kuren, das τέμνειν καὶ καίειν empfiehlt, durch welches die Worte
ἡ ἄλλη αἰκία getilgt werden sollen. Aber warum? Warum? Ich
übergehe die Ausstellungen, die andere an dieser Stelle des Textes
gemacht haben und ihre Vorschläge (welche Classen verwirft) und
prüfe nur die Gründe für die vorgeschlagene Streichung. Classen
sagt gegen Stahl: „Nicht hierin also liegt der Grund zum An-
stoße, wohl aber darin, daß ἡ ἄλλη αἰκία, welche durchaus keine
κούφισις ἔχει, mit der ἰσομοιρία in dieser Beziehung auf gleiche
Linie gestellt wird" (Anhang, S. 174). — Wunderbare Behauptung,

daß „ἡ ἄλλη αἰκία durchaus keine κούρισις ἔχει". Jegliche Be-
schwernis, Unbill u. dgl. hat doch, nach bekannten Sprüchwörtern,
eine gewisse Linderung in der Schicksalsgenossenschaft vieler.
Und genau das steht im überlieferten Texte. Ferner: αἰκία soll
mit der ἰσομοιρία nicht auf gleicher Linie stehen dürfen! Wieder
eine, trotz der Sicherheit, mit der sie abgegeben wird, merkwürdig falsche Behauptung, nachdem der Erzähler, das kurz vorher
Erzählte natürlich beim Leser als bekannt voraussetzend, uns eben
gezeigt hat, was er unter ἰσομοιρία hier verstehe. Wenn der
Hoplit, der in den griechischen Heeren eine Rolle spielte, wenn
der athenische Ritter, den wir ja besonders als den Kavalier mit
nobelen Bedürfnissen kennen, alles selbst schleppt, wie ein Sklave,
und sich, wie der ärmste Troßknecht, mit der Frage quälen muß,
womit er den nächsten Tag seinen Hunger stillen werde, so ist
das doch sicherlich eine ἰσομοιρία τῶν κακῶν, die mit der αἰκία auf
gleicher Linie steht. Classen hat eben nicht auf den Zusammenhang geachtet, er, der z. B. zu Thuk. II [3], cp. 62 Anhang, freilich
sehr am unrechten Orte, strafende Anleitung giebt, aus dem Zusammenhange zu interpretieren. — Hiermit ist, meine ich,
alles was die Erklärer über die Herstellung dieser Textesstelle
gesagt haben, als überflüssig erkannt; sie hat einer solchen nie
bedurft. Wie kam es also dennoch, daß Classen, der doch anderen
das Beispiel „genauerer Prüfung" geben will (s. Thuk. II [3] cp. 35,
Anhang), das unschuldige ἡ ἄλλη αἰκία verdächtigt, statt durch
„genauere Prüfung" den so einfachen und klaren Sinn von ἡ ἄλλη
αἰκία καὶ ἡ ἰσομοιρία zu ermitteln? Nun, Classens Meinung nach
eben ist αἰκία nicht so unschuldig, wie es aussieht; denn, so bemerkt er, es findet sich bei Thukydides sonst nicht. Das ist
freilich ein recht merkwürdiger Grund, da doch bei Thukydides
die Anzahl der nur einmal in seinem Werk vorkommenden
Wörter recht groß ist und merkwürdigerweise gleich hier das in
Classens Begründungen, wie wir sogleich sehen werden, eine große
Rolle spielende κατήρεια, aus diesem selben Kapitel. Aber er hat
noch einen besseren Grund, αἰκία zu verdächtigen. Er sagt:
„Möglich, daß diese Worte aus einer an den Rand geschriebenen
Bemerkung ἡ ἄλλη αἰκία, nämlich τῆς κατηρείας von L. 24 entstanden wären: der erste Grund war L. 25 οὐδὲν ἄλλο ἤ . . .
ἑώρκεσαν, der zweite L. 28 ff. der Mangel an aller Bedienung,

und nun der dritte, daß auch die Gemeinschaft des Unglücks ihre lindernde Kraft entbehrte". — Ein geistreicher Gedanke. Jedenfalls war dieser Leser früherer Zeit ein origineller Kopf, da er nur die Gründe der Niedergeschlagenheit (κατήφεια) am Rande registrierte, während oben Niedergeschlagenheit mit Selbstanklage in engster Verbindung genannt ist (κατήφειά τέ τις ἅμα καὶ κατάμεμψις σφῶν αὐτῶν), und gleich die an zweiter Stelle von Classen genannte αἰτία nicht zur κατάμεμψις paßt („der Mangel an Bedienung"). Ein noch größeres Original ist aber der Abschreiber, der das offenbar mehrere Male am Rande stehende αἰτία (denn Classen vermutet doch die Zählung der αἰτίαι) gerade beim dritten Male als αἰκία in den Text setzt. Daß Classen dennoch anfangs wünschte, man möchte seine Vermutungen glaublich finden, ist begreiflich; wenn er aber in der zweiten Auflage gegen Stahl sein Befremden darüber ausspricht, daß dieser sie incredibilia nenne, so ist das in der That unbegreiflich.

Ich habe in den letzten Zeilen auch das einmal zeigen wollen, wie wohlfeil diese Art Spott ist, der sich auf die Nebensachen in den Leistungen der anders Urteilenden wirft. So habe ja auch ich und andere Vertreter der Hypothese über den ungeschickten Herausgeber oder Überarbeiter des thukydideischen Geschichts·werkes solchen Spott reichlich zu tragen, während die Hauptfrage doch immer diese blieb: Ist der nachgewiesene Mangel des Inhaltes mit dem Glauben an die Einheitlichkeit des Autors vereinbar, ohne die Würde dieses Autors preiszugeben? Angebracht war aber in dem obigen Falle der Spott viel eher, weil die überlieferte Stelle ganz in Ordnung ist und zu jenen Gebilden der rekonstruierenden Phantasie gar keine Veranlassung giebt. Difficile est satiram non scribere, sage ich mir im Hinblicke auf diese Reihe von Classens Leistungen für Thukydides. Classen schießt so gewandt die Pfeile beißenden Spottes bei Besprechung einiger Stellen des Thukydides, „deren vermeintliches Dunkel der politische Scharfblick des Herrn M. (Müller-Strübing) zu den kühnsten Hypothesen angeregt hat"; er spricht in demselben Sinne darüber, welche glänzenden Wirkungen ein politischer Instinkt und ein durch das Studium der Komiker bis zur Hellsichtigkeit geschärfter Blick hervorzubringen vermag" (Classen, Vorbemerkk. zu Thuk. V 2. Aufl., S. 10 u. 11). — Nun, jedermann sieht wohl leicht, daß

mutatis mutandis (besonders Textkritik statt Politik) das von
Classen über M. Gesagte sich auf ihn selbst ganz gut anwenden
läßt, namentlich im Hinblick auf seine Behandlung von VII 75.
Und wenn er, in eben jenem Zusammenhange (Vorbemerkk. zu
Thuk. V S. 10) auf die „einfacheren Mittel einer grammatisch-
kritischen Erklärung“ hinweist, durch welche sich „vermeintliches
Dunkel“ aufhellen lasse, so meine ich, daß ich mich gerade dieser
Mittel Classen gegenüber, um das „vermeintliche Dunkel“ aufzu-
hellen, in dem Obigen so ausgiebig bedient habe, daß ich den von
mir zunächst beabsichtigten Zweck erreicht habe und hiermit
vorläufig schließen könnte, seine neuesten grammatisch-kritischen
Leistungen zu beleuchten, wenn ich seine neueste Arbeit (die
2. Auflage des 8. Bändchens seiner Ausgabe) umgehen könnte.
Ich wähle auch aus diesem Teile drei Beispiele und stelle das-
jenige voran, in welchem sein fehlerhaftes Verfahren im grellsten
Lichte erscheint. In VIII 100 erfuhr der Leser, daß die Athener,
im Vertrauen auf die Späher, welche sie zur Beobachtung der
Bewegungen der feindlichen Flotte aufgestellt hatten, Eresos be-
lagerten, daß es aber trotz jener Vorsichtsmaßregel der Athener
der peloponnesischen Flotte gelang, in den Hellespont unbemerkt
und unbelästigt einzulaufen. Der Faden dieses Berichtes wird in
cp. 103, 2 wieder aufgenommen mit folgenden Worten: Οἱ δ' Ἀθηναῖοι φευσθέντες τῶν σκοπῶν καὶ οὐκ ἂν οἰόμενοι σφᾶς λαθεῖν τὸν
παράπλουν τῶν πολεμίων νεῶν, ἀλλὰ καθ' ἡσυχίαν τειχομαχοῦντες,
ὡς ᾐσθοντο, εὐθὺς ἀπολιπόντες τὴν Ἐρεσὸν κατὰ τάχος ἐβοήθουν ἐς
τὸν Ἑλλήσποντον. Von diesen Worten ist das unschuldige ἀλλὰ
schon in der ersten Auflage der Ausgabe von Classen dem
modernen Sport, der Jagd auf Glosseme, zum Opfer gefallen. Es
scheint bedenklich, darauf aufmerksam zu machen, daß der über-
eifrige Jäger in seiner Kurzsichtigkeit statt des vermeintlichen
Raubtieres einen Bock geschossen hat, nicht einmal einen wilden,
sondern ein ganz zahmes, nützliches Haustier, welches friedlich
weidete. Ein solcher Jäger weiß für den Nachweis des Irrtums
keinen Dank. So erhält Classen·auch in der neuen Ausgabe seine
Streichung von ἀλλά, die er nach dem „notwendigen Sinne der
Stelle“ vollzogen zu haben versichert, gegen abweichende Meinung
aufrecht. Wunderbar bei so offenbarem Fehler. Fragen wir zunächst, ob die Nebenordnung der beiden Aussagen, die in οὐκ ἂν

οἰόμενοι .... νεῶν und ἀλλὰ τειχομαχοῦντες vorliegen, au sich etwas zweifellos Unzulässiges habe, also z. B. in Form aussagender Hauptsätze anfechtbar wäre. Deutsch: „Sie glaubten nicht, daß ihnen das Vorbeipassieren der feindlichen Flotte entgehen möchte, sondern führten in Ruhe den Belagerungskampf". Offenbar hat eine solche Verbindung nichts gegen sich. Warum sollte sich nun das Verhältnis der beiden Verba zu einander ändern müssen, wenn sie in der Form des Partic. präs. einander beigeordnet werden? Das zeigt uns Classen (S. 173): „Nur καθ' ἡσυχίαν τει-χομαχοῦντες ist die Folge des ψευσθέντες· .. οὐκ ἂν οἰόμενοι ..... νεῶν ist vielmehr die Folge des zu großen Vertrauens auf die Kundschafter u. s. w." Hört! Hört! Oben erklärt Classen ψευσθέν-τες τῶν σκοπῶν „da sie sich in den aufgestellten Wächtern ge-täuscht hatten, sich auf sie, zu sehr verlassen hatten". Hiernach deckt sich bei ihm vollständig „ψευσθέντες τῶν σκοπῶν" und „zu großes Vertrauen auf die Kundschafter". Sein von mir ange-führter Satz also sagt nichts anderes, als: Nur καθ' ἡσυχίαν τειχομαχοῦντες ist die Folge des zu großen Vertrauens auf die Kundschafter: οὐκ ἂν οἰόμενοι .... νεῶν ist vielmehr die Folge des zu großen Vertrauens auf die Kundschafter". Das ist mindestens Widersinn im Munde dessen, der Tilgung der Nebenordnung von οὐκ οἰόμενοι und τειχομαχοῦντες für notwendig hält, und der Widersinn wird nicht dadurch beseitigt, daß der oben angeführte Satz mit folgenden Worten fortgesetzt wird: „und Grund ihrer sorglosen Fortführung der Belagerung". Eine Sache hört darum noch nicht auf Folge von etwas zu sein, weil sie Grund von etwas Anderem wird. Ist aber οὐκ οἰόμενοι und τειχομαχοῦντες als Folge desselben ψευσθέντες bezeichnet, so ist damit auch die Zulässigkeit ihrer Nebenordnung durch ἀλλὰ be-stätigt. Ob das ἀλλὰ auch fehlen könnte, ist eine andere Frage und darf nicht zur Streichung desselben führen. Das Einzige, was wirklich Anstoß erregen konnte, ist ψευσθέντες καί, gleichviel ob man οἰόμενοι, oder τειχομαχοῦντες mit ψευσθέντες durch καί verbindet. Der Anstoß läßt sich nur durch künstliche Deutung des Begriffes ψεύδεσθαι beseitigen. Über dieses Bedenken ist Classen leicht hinweggekommen; um so wunderbarer, daß er das unbedenkliche ἀλλὰ tilgen zu müssen meinte.

Einen anderen Fall der schon längst, auch von früheren Herausgebern, vollzogenen Streichung würde ich wegen seiner Winzigkeit garnicht zur Sprache bringen, wenn nicht bei Behandlung auch dieses Falles von Classen ein grober logischer Fehler begangen worden wäre. Es ist aus VIII 46. Zusammenhang: Alkibiades flößt dem Tissaphernes die bekannte Staatsklugheitslehre ein, daß gewissenhafte Erfüllung der Bundespflicht unter Umständen eine politische Dummheit sei, und daß im vorliegenden Falle dem persischen Reiche durch die Stärkung der Verbündeten, der Lakedämonier, gerade ein Nachteil erwachse. Denn bei diesen erscheine in höherem Grade, als bei den Athenern, die politische Mission, alle Hellenen von der Botmäßigkeit des persischen Reiches zu befreien. Hieran schließt sich § 3: καὶ οὐκ εἰκὸς εἶναι Λακεδαιμονίους ἀπὸ μὲν σφῶν τῶν Ἑλλήνων ἐλευθεροῦν νῦν τοὺς Ἕλληνας, ἀπὸ δ' ἐκείνων τῶν βαρβάρων, ἢν μήποτε αὐτοὺς μὴ ἐξέλωσι, μὴ ἐλευθερῶσαι. Hier finden wir in den meisten Ausgaben τῶν Ἑλλήνων und τῶν βαρβάρων als Glosseme getilgt, letzteres besonders darum, weil es im cod. Vat. fehlt. Classen hält τῶν Ἑλλήνων als Erklärung zu σφῶν für unerläßlich, läßt aber τῶν βαρβάρων fort. Nun, das ist so gleichgiltig wie die meisten Kontroversen um Glosseme. Der Sinn verliert oder gewinnt durch Streichung an der einen oder an beiden Stellen garnichts. Was fangen wir aber mit dem Satze ἢν μὴ .... μὴ ἐξέλωσι an? Die Deutung dieser Worte muß erraten werden, wie so vieles bei Thukydides, und so giebt es, je nachdem man αὐτοὺς auf die Spartaner, die Athener oder die Perser bezieht, ganz verschiedene Deutungen. Ich erwähne nur diejenige, auf welche Classen hinaus will und welche wohl dem Sinne am angemessensten ist. Hiernach ist der ganze Gedanke folgender: „Es ist doch garnicht zu erwarten, daß Sparta, welches die Hellenen jetzt sogar von Hellenenherrschaft befreit, sie von Barbarenherrschaft nicht befreien werde, wenn man ihm nicht gelegentlich die Flügel beschneidet". Diesem so klaren und passenden Sinn sein Recht widerfahren zu lassen, gab es bisher nur ein Hindernis, aber, wie es schien, ein unüberwindliches, nämlich die zweite Negation in dem Satze ἢν μή ποτε αὐτοὺς μὴ ἐξέλωσι, durch welche ja die erste aufgehoben und der Satz affirmativ wird, während der Gedanke ihn nur als einen negativen verträgt. Dieser so viele Jahrhunderte langen Not macht Classen

in seiner Ausgabe (schon in der 1. Auflage, mit genauer Wiederholung in der 2.) ein heiteres Ende. Zwar spricht auch
er von einer durch ungewöhnliche Wiederholung der Negation
verdunkelten Stelle, wohl aber nur, um uns durch leichte Lösung
der Schwierigkeit um so mehr zu überraschen und zu erfreuen.
Logik und Sprachgebrauch scheinen zunächst bei ihrem Rechte
belassen zu werden, denn er sagt, von ἢν μή ποτε αὐτοὺς μὴ ἐξέλωσι
sei der Sinn. „wenn man sie nicht ungeschwächt lasse" (μὴ .. μὴ
affirmativ, wie II 13, 1). Nur aus dem Zusammenhange des Gedankens sei folgendes Verständnis zu gewinnen: „nur dann würden
die Lakedämonier die Hellenen nicht befreien, wenn man sie nicht
ungeschwächt lasse". — Hört! hört den Logiker! In dem zu gewinnenden Gedanken mußte einer von den beiden Sätzen, entweder
der Bedingungssatz oder der Folgesatz, verneint sein (also entweder:
sie werden befreien, wenn ihr sie nicht schwächt, oder: sie werden
nicht befreien, wenn ihr sie schwächt). Daß aber dennoch beide
Sätze affirmativen Sinn haben (durch die doppelte Negation, οὐκ
εἰκὸς ... μὴ ἐλευθερώσαι und μή ποτε ... μὴ ἐξέλωσι), war für jenen zu
gewinnenden Gedanken ein Hindernis. Classen nimmt die noch
fehlende Kleinigkeit, die Negation, aus dem Zusammenhange (!),
d. h. er greift sie aus der Luft und fügt sie in den Bedingungssatz ein. Denn „nur dann würden die Lakedämonier die Hellenen
nicht befreien" ist doch jedenfalls ein verneinter Satz (wobei
auch das „nur" ganz aus der Luft gegriffen ist), während der
griechische Text deutlich einen durch doppelte Negation bejahen-
den Satz aufweist, welcher bedeutet: „sie werden jedenfalls befreien". — Jedenfalls liegt in der von Classen in zwei Auflagen
gegebenen Erklärung ein neues logisches Gesetz von großer Trag-
weite vor. Nach demselben scheint es ganz gleich zu sein, ob
ich sage ἢν μή oder ἢν μὴ ... μή. Beispiel: „Da deines Vaters
Bart bis zum Gürtel reicht, so ist es nicht wahrscheinlich, daß
der deinige nicht ebenso lang werden wird, falls du nicht ihn
einmal abschneidest". Bisher würde die in betracht kommende
Stelle dieses Beispieles griechisch gelautet haben: ἢν μήποτε
αὐτὸν κείρῃς, seit Classens Erklärung von VIII 46, 3 aber wäre
ἢν μήποτε αὐτὸν μὴ κείρῃς, d. h. „wenn Du ihn nicht unge-
schoren lässest", jedenfalls auch richtig. — Ich erinnere mich
irgendwo (ich glaube bei Müller-Strübing) gelesen zu haben, daß

die Beschäftigung mit Thukydides auf manchen Geist fascinierend
wirke. Hier scheint das in demselben Satze (cp. 46, 3) behandelte
Glossem alle Achtsamkeit absorbiert und so einen nachteiligen
Einfluß auf die Behandlung der weit wichtigeren Sache gehabt
zu haben.

Die folgende Stelle behandle ich besonders darum, weil sie
recht geeignet ist zu zeigen, mit welchem Aufwande und mit
welcher Wichtigkeit die Glossemenfrage auch da betrieben wird,
wo zur Annahme eines Glossemes nicht die geringste Veranlassung
vorliegt. In VIII 66 wird von dem lähmenden Schrecken ge-
handelt, welchen die unheimlich fest auftretende und gleichsam
aus dem Versteck sicher zugreifende oligarchische Verschwörungs-
partei bei dem athenischen Demos erregte. Wörtlich lautet dann
§ 3: καὶ ἐξευρεῖν αὐτοί (ein cod. αὐτό) ἀδύνατοι ὄντες διὰ τὸ μέγεθος
τῆς πόλεως καὶ διὰ τὴν ἀλλήλων ἀγνωσίαν οὐκ εἶχον αὐτοὶ ἐξευρεῖν.
Was ist über diesen einen Satz von vielen Seiten her disputiert
worden! Der Leser sei unbesorgt, daß ich etwa dieses Alles,
wenn auch nur in verkürzter Form, auskramen werde. Ich will
nur das sagen, was jeden überzeugen soll, daß hier garnichts
zu ändern ist. Wenn Classen (Anhang, S. 190) versichert,
„davon kann natürlich nicht die Rede sein, daß diese überlieferte
Satzbildung mit dem zwiefachen αὐτοὶ ἐξευρεῖν geduldet werden
könne: eins von beiden muß notwendig weichen," so spricht er
eine Überzeugung aus, die, soviel man aus den Ausgaben ersieht,
viele mit ihm teilen. Nur darüber wogt der gelehrte Streit, an
welcher Stelle das Glossem sitze. Bisher strich man den Schluß
des Satzes aus, Classen aber will (wieder einmal) sein Glossem
für sich haben und tilgt ohne Nachsicht die Worte ἐξευρεῖν αὐτοὶ
ἀδύνατοι ὄντες. Das Streitobjekt ist (wieder einmal) ungeheuer
gleichgültig, aber Classen entwickelt hier sehr umständlich seine
Theorie der Entstehung von Fehlern (beiläufig: in einer für den
ursprünglichen Autor nicht schmeichelhaften Weise). Auf seine
Beweise einzugehen, das können wir uns schenken, da die Überlieferung offenbar in der ursprünglich beabsichtigten Form vorliegt. Ich übersetze wörtlich (mit Voraussetzung von αὐτό an der
ersten Stelle) „und sie, die es wegen der Größe der Stadt nicht
zu ermitteln vermochten, waren auch wegen des Umstandes, daß
sie sich gegenseitig nicht erkannten, nicht in der Lage es selbst

zu ermitteln." Warum will man denn aus diesem schlichten und klaren Gedanken Worte hinauswerfen? Wahrscheinlich wegen der falschen Voraussetzung, daß διὰ τὸ. μέγεθος τῆς πόλεως καὶ διὰ τὴν ἀλλήλων ἀγνωσίαν eng zusammengehöre, wie ein ἓν διὰ δυοῖν (eine durch die Größe der Stadt verursachte persönliche Unbekanntschaft). Solcher Auffassung widersprechen aber doch sachliche Gründe ganz unwiderleglich. Die Größe der Stadt kann doch nur Grund einer nicht vollständigen Personenkenntnis, nicht aber Grund einer totalen Unbekanntschaft mit den Personen sein. Die nicht ausreichende persönliche Bekanntschaft ist in διὰ τὸ μέγεθος τῆς πόλεως ausgedrückt, und διὰ τὴν ἀλλήλων ἀγνωσίαν geht nicht auf die Personenbekanntschaft, welche Bedeutung ja auch in dem Worte ἀγνωσία garnicht notwendig liegt, sondern, ganz wörtlich genommen, auf das gegenseitige Nichterkennen, d. h. Nichtdurchschauen, in dieser Zeit der politischen Überraschungen und des Mißtrauens. Und die folgenden Textesworte sind ja durchaus die Bestätigung dieser meiner Deutung. Ihr Sinn ist: „Eben dem gemäß (κατὰ δὲ ταὐτὸ τοῦτο) konnten sie keinen zum Beistande gegen die Gewalt anrufen." Wäre bloß die persönliche Unbekanntschaft mit dem κατὰ ταὐτὸ τοῦτο gemeint, so könnte doch als Erläuterung höchstens dieses folgen: „Denn wegen der Größe der Stadt und des damit zusammenhängenden Mangels an Personenkenntnis hätte der Hülfesuchende sich immer an Unbekannte wenden müssen." Aber abgesehen von der Ungereimtheit einer solchen Sachlage (denn der Bürger einer noch so großen Stadt stößt doch, Hülfe suchend, nicht auf lauter Unbekannte), es folgt ja auch im griechischen Texte als Erläuterung ein Dilemma des Sinnes: „denn er wäre mit seinem Hülfegesuch immer auf einen Unbekannten oder auf einen unzuverlässigen Bekannten gestoßen." Das letztere der beiden Glieder dieses disjunktiven Urteiles kann doch aus διὰ τὸ μέγεθος τῆς πόλεως καὶ διὰ τὴν ἀλλήλων ἀγνωσίαν unmöglich hervorgehen, wenn diese (griechischen) Worte zusammen nur den Mangel an Personenkenntnis bezeichnen sollten. Was in der Erläuterung mit γνώριμον ἄπιστον bezeichnet ist, weist offenbar auf διὰ τὴν ἀλλήλων ἀγνωσίαν zurück und bedeutet, daß selbst die bisherigen Parteigenossen einander nicht mehr erkannten, aus einander nicht mehr klug wurden. Allerdings ist ja auch dies mit generalisierender

5*

Übertreibung gesagt, und deshalb fügt der Autor, in dem Gefühle,
daß es doch auffallen müsse, wenn neben den ganz Unbekannten und
den unzuverlässigen Bekannten die zuverlässigen Bekannten gar keine
Stelle gefunden haben sollten, hinzu: „damals durfte keiner dem
anderen trauen, weil man bei der oligarchischen Verschwörung Leute
sah, denen man solche politische Neigung niemals zugetraut hätte."
Das ist ja freilich immer noch Übertreibung, aber eine Übertreibung, welche Sinn hat. Dagegen würden die Worte κατὰ δὲ
ταὐτὸ τοῦτο . . . . ἀδύνατον ἦν nach der bisherigen Deutung, „sie
konnten niemanden zum Beistand anrufen, weil sie sich bei der
Größe der Stadt unter einander nicht kannten," eine unsinnige
Übertreibung enthalten. — Das Einzige, was an meiner Erklärung mißlich ist, entgeht mir selbst nicht: ἀγνῶτα bezeichnet
den persönlich Unbekannten, und ἀγνωσία soll einen weiteren
Begriff haben. Aber erstens hat man an den Stellen bei Thukydides, wo die Sprache so mühselig gedrechselt erscheint, sehr viel
Dinge nachgesehen, die sprachlich viel bedenklicher sind, (soviel wenigstens steht doch fest, daß bei Thukydides ἀγνώς ohne
weitere Erläuterung einmal, I 137, in dem engeren Sinne „persönlich bekannt", einmal wieder, III 54, in dem weiteren Sinne,
den ich oben in ἀγνωσίαν finde, gebraucht ist); anderseits
könnte ja aber auch in ἀγνωσία eine durch ἀγνῶτα veranlaßte
Korruptel stecken und das Ursprüngliche ἀπιστίαν oder, noch
wahrscheinlicher wegen der äußeren Ähnlichkeit, ὁμωδίαν sein.
Jedenfalls zeigt auch schon die gesucht harmonische Form des
ganzen Satzes, innerhalb dessen durch Abwechselung (oben ἀδύνατοι ὄντες, unten οὐκ εἶχον) und Umstellung und Chiasmus (oben
ἐξευρεῖν αὐτὸ ἀδύνατοι ὄντες, unten οὐκ εἶχον αὐτοὶ ἐξευρεῖν) ein ge-
fälliger Tonfall angestrebt ist, daß hier kein Glossem auszuscheiden
sei. Eine gute Probe ist jedenfalls schon die wörtliche Übersetzung mit Zugrundelegung von αὐτό, das doch am natürlichsten
auf das zunächst Vorangehende, auf τὸ συνεστηκός, zu beziehen
ist. Es ginge aber auch mit αὐτοί statt αὐτό.

An dieser langen Reihe von Proben kann zur Genüge ersehen werden, was für Sachen dem Leser des Thukydides mit
den Emendationen geboten werden. Für mich ergiebt sich hieraus
sicherlich das Gute, daß ich mir sagen kann, in meinen Arbeiten
Größeres wenigstens angestrebt zu haben, und soviel Unrichtiges

auch die au Wissen und Urteil überlegenen Männer in denselben
finden mögen, schwerlich wird jemand so grobe Fehler antreffen,
wie ich sie oben in der Behandlung winziger Fragen nachgewiesen
habe. Freilich, was Classen über eine meiner Arbeiten urteilt,
klingt hiervon sehr verschieden: und das nötigt mich noch zu
einer Auseinandersetzung.

Als ich vor etwa dreizehn Jahren mich mit dem Geschichtswerke des Thukydides eingehend zu beschäftigen anfing und im
·Laufe dieser Thätigkeit zu der Überzeugung kam, daß der Glaube
an die Einheitlichkeit des Verfassers unhaltbar sei, forschte ich
nach, wie viel Belehrung über diese Frage ich von anderen gewinnen könnte. Das Ergebnis war, daß sie niemand aufgeworfen
hatte. Denn wenn auch Steups durch ihre Schärfe und Gründ-
lichkeit schätzenswerte Untersuchungen über einzelne Stellen
damals bekannt wurden, so war ich doch damals schon überzeugt,
daß Annahme von Interpolationen das Dunkel im Thukydides
nicht überall aufhellen könne. Dennoch konnte ich nicht den
Entschluß fassen, mit meiner Ansicht sogleich an die Öffentlichkeit
zu treten. Ich war schon alt genug, um mich durch Erfahrungen
anderer belehren zu lassen. Jeder fordert doch mit dem, was er
bei seinen Studien gefunden hat, zunächst das Urteil der alten
und vielgenannten Bearbeiter desjenigen Gebietes heraus, auf dem
der behandelte Gegenstand liegt. Werden denn, dachte ich mir,
die alten Bearbeiter des Thukydides eine Ausnahme machen von
der Regel, daß wir uns ablehnend gegen das verhalten, was nicht
selbst gefunden zu haben wir wie einen Vorwurf empfinden?
(Natürlich meine ich hier nicht solche Dinge, wie Emendation
eines Wortes, Annahme eines Glossemes und dgl : in solchen
Dingen gewähren jetzt Bearbeiter des Thukydides sich und
anderen eine sehr weit gehende Freiheit). Genug, ich meinte, es
müßte wohl jemand kommen, durch dessen Namen die Sache ein
größeres Gewicht erhalten sollte. Ein solcher kam aber nicht,
und so entschloß ich mich meine Ansichten zu veröffentlichen, im
Stillen auf den augenblicklichen Beifall fast verzichtend, aber
nicht ohne Hoffnung darauf, daß doch einmal, wenn auch in
fernerer Zeit, die vorurteilslose Prüfung der von mir behandelten
Fragen nicht werde abgelehnt werden. So erschien meine Abhandlung „Die Reden bei Thukydides", Jahrbücher von Flek-

eisen 1875, und im Anschlusse an dieselbe eine Erwiderung auf eine Rezension Jahrb. 1878, ferner meine „Studien zu Thukydides", Jahrb. 1879. Meine Voraussicht über die Aufnahme dieser Arbeiten erwies sich als nur annähernd richtig. Einerseits nämlich wurden in bezug auf das abwehrende Verhalten von Seiten der Grenzwächter des von mir betretenen Gebietes meine schlimmsten Erwartungen noch weit übertroffen; viele Fälle des ablehnenden Urteils sind sogar nach der Formel tantum abest ut . . . ut abgefaßt. Anderseits erfüllte sich meine Hoffnung auf das Interesse, das der behandelte Gegenstand dennoch haben werde, in viel kürzerer Zeit, als ich gemeint hatte. Nachdem ich einige Jahre durch Mißgeschicke gänzlich verhindert war, an der litterarischen Arbeit teilzunehmen und indem ich jetzt erst mich eben wieder über den Stand der Dinge orientiere, nehme ich mit begreiflicher Genugthuung wahr, daß der Glaube an die Einheitlichkeit des Verfassers des Geschichtswerkes von Thukydides nicht mehr allgemein sei und daß ein lebhafter Meinungsaustausch über den Gegenstand stattfinde. So bin ich also dessen wenigstens gewiß, daß ich zuerst eine Frage aufgeworfen habe, welche zur Behandlung reif war. Hat ja freilich v. Wilamowitz-Möllendorf (Hermes XX 3, S. 475) darin Recht, daß ein richtiger Gedanke Geltung gewinne, wenn auch bisweilen spät, und daß er zunächst Widerspruch erfahre, wenn er neu sei, so ist es doch für die Urheber richtiger Gedanken angenehm die Bestätigung der Richtigkeit noch zu erleben. Jedenfalls ist es doch nicht gerade wünschenswert, daß derjenige, der in Vertretung einer neuen Frage sich zuerst öffentlich meldet und dadurch den herabwürdigenden Urteilen (Vorurteilen) sich so zweifellos aussetzt, wie Freiwillige, die zum ersten Angriffe auf eine wohlverteidigte Schanze vorgehen, den feindlichen Geschossen, daß also der nichts weiter erleben soll, als jene Herabwürdigung. Aber, wird man fragen, ist denn der Erfolg schon so sicher? Nun, Übereinstimmung Aller wird ja in solchen Fragen selten erzielt; aber es hegen doch jetzt schon andere außer mir den Glauben, daß die aufgeworfene Frage nicht mehr bloß mit strafenden Seitenblicken betrachtet werden kann. Mancher hält den Erfolg wohl gar schon für viel größer. So sagt v. Wilamowitz-Möllendorf (Hermes XX, Thukyd. Daten, S. 487), die Einheitlichkeit des Werkes des Thukydides sei dahin. Interessant

sind mir auch folgende Überzeugungen, die derselbe Verfasser
ebenda ausspricht: „Auch die Hoffnung in dem Werke, wie es
einst herausgegeben ward und jetzt besteht, die Hand des Thukydides, wenn auch zu verschiedenen Zeiten und in verschiedenen
Stimmungen allein thätig zu sehen, ist trügerisch." — Gerade das
ist ja der Kern meiner zweiten Arbeit (Studien zu Thukydides,
Jahrb. 1879, Heft 5 u. 6, besonders von S. 379 an). Ebenso
habe ich wiederholt ausgeführt, daß gerade die groben Mängel
neben den großen Vorzügen des thuk. Werkes auf die Mitwirkung
einer von der ursprünglichen ganz verschiedenen Hand zu schließen
zwingen. (Cf. v. Wilamowitz-Möllendorf S. 487). In demselben
Sinne habe ich mich auch über Mängel im Gedankenzusammenhange
des I. Buches (S. 363 ff.), und über die Nutzlosigkeit des Bemühens,
durch Annahme von Interpolationen die Einheit des Verfassers zu
schützen (S. 368 ff.), ausgesprochen. Hiermit habe ich die Umrisse
der Hauptsache angegeben; in Fragen von minderer Wichtigkeit
(auf die einzugehen ich jetzt keine Veranlassung habe) ergeben
sich Abweichungen von den Ansichten der Männer, mit denen im
wesentlichen übereinzustimmen ich mich freue. Das ist ja bei
Fragen, die den Klärungsprozeß noch nicht ganz durchgemacht
haben, natürlich. So griff ich diesmal mit größerem Mute zur
Feder, da ich die Überzeugung haben kann, daß für wohlwollende
Prüfung solcher Fragen jetzt ein Publikum vorhanden ist, und
mit den aus Vorurteil absprechenden Beurteilern fertig zu werden,
das habe ich mit der Zeit lernen müssen, wie jeder, der die
Wahrnehmung macht, daß selbst seine unanfechtbarsten Gedanken
von scheinbarer, in Routine gesuchter Überlegenheit erdrückt
werden sollen. Daß sich derjenige über nichts zu beklagen habe,
der doch einer sachlichen Widerlegung gewürdigt worden ist,
ohne persönlich angegriffen zu werden, das scheint nur so. Es
liegt bisweilen eine Herabwürdigung schon in der Art, wie selbst
eine sonnenklare Sache durch einen Schwall von nichtigen Gründen
bestritten wird, als ob es sich um Beseitigung von knabenhaften
Fehlern handle. Dagegen läßt sich leicht einwenden, daß der
also Streitende sich selbst herabsetze, indem ja jeder das Fehlerhafte der Widerlegung merke. O ja, viele wenigstens, aber nicht
jeder sofort, und dieses liegt in einem gewissen äußeren Geschicke
der routinierten Gegner. Damit es aber eben möglichst viele

merken, werde ich an einem Beispiele eine Erläuterung geben.
Ich wähle natürlich einen solchen Fall, der mein Urtheil am
auffallendsten erweisen soll, behaupte jedoch nicht, daß andere
von diesem sehr verschieden seien.

Bei Thuk. II, cp. 35, im Anfange der Leichenrede, bemängelt
Perikles bekanntlich die Zweckmäßigkeit der Einrichtung einer
solchen, weil es ja für den Redner schwer sei im Lobe der Verstorbenen das richtige Maß zu finden. Er beruft sich zum Beweise
dessen darauf, daß nach einer aus der Menschennatur sich ergebenden Regel ein Teil der Zuhörer aus Neid das Lob für
übertrieben halte. — Hierin liegt doch also deutlich ausgesprochen,
daß das Verdienst der Gestorbenen über den Neid nicht erhaben sei. Ebenderselbe Redner aber sagt am Schlusse der
Rede, cp. 45, daß die Toten zu loben jedermann gewohnt sei,
daß unter den Lebenden zwar der Neid gegen die Nebenbuhler
sein Wesen habe, dagegen das, was uns nicht im Wege stehe,
(die Gegenüberstellung zeigt deutlich, daß die Toten gemeint sind),
mit eifersuchtslosem Wohlwollen geehrt werde. — Hier, an der
zweiten Stelle, geht also der Redende von der Voraussetzung aus,
ja er spricht es ganz klar aus, daß Tote über den Neid erhaben seien, während wir in derselben Rede cp. 35 belehrt
wurden, daß Tote über den Neid nicht erhaben seien. — Das
erklärte ich in meiner ersten Arbeit (Jahrb. 1875, S. 678) für
einen Widerspruch. Der Widerspruch ist ja so auffallend, daß
ein Lehrer, der ihn in einem Schüleraufsatze übersähe, sich den
Vorwurf der Nachlässigkeit zuziehen würde. Daß er dennoch so
lange Zeit übersehen worden ist, erklärt sich ja wohl aus der
räumlichen Trennung beider Stellen, aus dem Umstande, daß die
gründlichen Leser meistens kleine Stücke auf einmal, diejenigen,
welchen es auf Übersicht über große Massen ankommt, flüchtig
lesen. Auch ist die Sache selbst ja unbedeutend, da jeder sich
sagen kann, daß ein richtiger Gedanke hier leicht herstellbar sei.
Alles dieses hielt ich mir schon damals vor; um aber nicht weit-
läufiger zu werden, als mir nötig schien, deutete ich meine Absicht,
mich vor dem Vorwurfe der ungründlichen Behandlung dieser
Sache zu schützen, nur mit folgenden Worten an: „Ich habe zwar
versucht den Widerspruch zu mildern, indem ich mir vorhielt, daß
der Beurteiler der Verdienste nicht an beiden Stellen dasselbe

Verhältnis zu den Toten habe. Doch im wesentlichen beseitigen läßt sich der Widerspruch nicht." — Classen (Thuk. II, 3. Aufl., Anhang S. 196) bestreitet das Vorhandensein des von mir behaupteten Widerspruches. Wäre es weiter nichts, als das, so könnte ich getrost darüber hinweggehen und zu-mir sagen: „Die Leser dieser Ausgabe, sind es auch zum großen Teil erst Schüler, werden den, der das bestreitet, was so sonnenklar ist, um sein Urteil nicht beneiden." Aber hier kommt gerade das Wie sehr in betracht. Hören wir Classens Worte: „E. A. Junghahn . . . . richtet auch gegen zwei Stellen unserer Leichenrede einen strengen Vorwurf." — Ich stehe erschüttert da. Nicht einmal Leichenreden mit strengem Vorwurfe zu verschonen! So weit mußte es mit mir kommen! Doch ich sammle mich wieder. Ich habe ja höchstens Personen einen Vorwurf machen können, z. B. denen, die den Fehler bisher übersahen; und dabei bin ich doch sehr behutsam gewesen. Was nützt mir mein behutsames Auftreten! Jetzt sind Classens Leser vor mir gewarnt; die meisten kennen ja vielleicht meine Worte „ich suchte zwar den Widerspruch zu mildern u. s. w." und meinen Glauben, daß hier nicht Thukydides beurteilt werde, garnicht. Also Classen bestreitet das Vorhandensein des Widerspruches, und zwar mit folgenden Worten: „Allein eine schärfer eindringende Prüfung zeigt, daß ein solcher nicht vorhanden ist." Das war ein zweites Notabene für den Leser; dieser erkennt jetzt sofort den Grund unserer Differenz: das Minus der Schärfe eindringender Prüfung auf meiner Seite. Nun bin ich doch gerichtet. Wieviel Leute werden nun überhaupt noch Classens Nachweis dieses Minus lesen, wenn ein Mann, der schon so viel geschrieben hat, dem Leser solche Informationen über mich gegeben hat. Wer das Folgende aber wirklich liest, wird erstaunen über den Grad der Schärfe, welche Classen selbst kundgiebt. Er sagt: „Es ist an beiden Stellen von verschiedenen Verhältnissen und darum von verschiedenen Wirkungen der Mißgunst die Rede." — Hier muß doch der Leser glauben, daß diese „verschiedenen Verhältnisse" zu prüfen meiner nicht hinreichenden Schärfe ganz entgangen sei. Ich habe aber (was der Leser der Classenschen Belehrung. der meine Arbeit nicht zur Hand hat, natürlich nicht weiß) auf die verschiedenen Verhältnisse selbst aufmerksam gemacht; Classen sagt davon nichts, und nun klingt es, als würde ich hierin von ihm belehrt. Diese Art der Widerlegung ist offenbar sehr verwerflich. Ich habe aber in meiner ersten Arbeit erklärt, daß auch s o der Widerspruch nicht beseitigt sei. Und dieses ist ja ganz klar. Was nützt es denn, von den verschiedenen Verhältnissen und Wirkungen der Mißgunst zu sprechen, wenn doch der Widerspruch in zwei allgemeinen Urteilen zu Tage tritt, nämlich im cp. 35: Tote sind über den Neid nicht erhaben (diesen Satz, ich wiederhole es, involviert die klare Aussage in cp. 35: „ein Teil der Zuhörer hält aus Neid die Verdienste der Toten für übertrieben"), cp. 45: Tote sind über den Neid erhaben. — Daß ich hier eine kleine Lektion über die Elemente der Logik erteile, kann mir niemand übel deuten. Ich bin gewiß hier im Stande der Notwehr; auch bin ich nicht so jung, um den Vorwurf eines so knabenhaften Denkfehlers ruhig hinzunehmen. Daß durch die mir aufgenötigte Abwehr der Vorwurf nun auf denjenigen zurückfällt, der ihn erhob, ist nicht meine Schuld. Ich hatte ja auch mit großer Vorsicht, um jeden einwandlustigen Gegner vor einer Lektion zu bewahren, auf die Allgemeingültigkeit der Urteile, die einander widersprechen, aufmerksam gemacht. — Das Folgende, was Classen nun zu reicher Illustrierung der verschiedenen Wirkungen des Neides sagt, ist daher, in bezug auf Leugnung des Widerspruches in den allgemeinen Urteilen „Tote sind über den Neid nicht erhaben" und „Tote sind über den Neid erhaben" von eben solcher Bedeutung, als wenn er etwa sagte, es sei etwas ganz Verschiedenes, ob vom Neide gegen die Toten am Anfange oder am Schlusse der Rede gesprochen werde, oder ob vor oder nach der Mahlzeit; der Widerspruch zwischen den beiden allgemeinen Sätzen, deren sich der Redner zur Begründung bedient, bleibt immer bestehen. — Was nun in dieser reichen Erläuterung und Belehrung Classen nicht aus dem Texte des Thukydides, sondern ex ingenio entnimmt, ist wirklich recht geistreich. Er sagt: „cp. 35 wird die Schwierigkeit, das rechte Maß im Lobe zu treffen, einerlei, ob es sich um Tote oder Lebende handelt, ... ins Licht gesetzt": und fügt dann über diesen selben Fall hinzu, daß der „Neid störend auf das Urteil" wirke. (Man beachte, wie bei seiner Ausdrucksweise der schlichte Gedanke des Redenden, nämlich daß der Neid die Toten nicht verschone, verschleiert und durch räumliche Trennung und Verteilung

weniger erkennbar wird.) Das Einzige, was Classen hier zur
Erläuterung giebt, sind offenbar die Worte, „einerlei, ob es sich
um Tote oder Lebende handelt"; denn das andere steht schon im
überlieferten Texte, um dessen Erklärung es sich hier handelt.
Für wen ist denn jene Belehrung? Muß hier nicht der Leser
wieder glauben, daß der zu Widerlegende, also ich, dieser Belehrung
bedürfe? Habe ich denn gesagt, daß der Neid nur die Toten
treffe? Also wieder ein Fall von Widerlegung, durch welchen der
Leser durch die Schuld des Widerlegenden in einen Irrtum versetzt
wird (Cf. S. 73, unten). Aber in den Worten selbst, welche die
unberechtigte Belehrung enthalten, liegt die Sühne für solches
Beginnen. O si tacuisses! Also der Neid wirkt störend
auf das Urteil, einerlei, ob es sich um Tote oder um
Lebende handelt, das ist nach Classens unverkennbarer Meinung
in cp. 35 enthalten. Kann er bestreiten, daß er hiermit selbst
aussage, auch der Tote sei über den Neid nicht erhaben? Das
ist die eine Stelle. Weiter! Die Stelle in cp. 45 erläutert er
wörtlich so (S. 77): „Der Neid wendet sich gegen jeden, der
mit anderen in die Schranken tritt. Dagegen findet der Verstorbene, der niemandem in den Weg tritt (τὸ μὴ ἐμποδών), eine
. . . wohlwollende Beurteilung": und weiter unten, bei weiterer
Besprechung der ἀνανταγόνιστος εὔνοια braucht er den Ausdruck
„neidloses Wohlwollen". Hier frage ich: Kann in diesen eigenen
Worten Classens, im zweiten Satze derselben, in dieser Gegenüberstellung, ein anderer Sinn liegen als der: „Tote sind über
den Neid erhaben"? Und an der anderen Stelle (S. 196) bedeuteten
seine eigenen Worte: „Tote sind über den Neid nicht erhaben."
Das ist Classens „schärfer eindringende Prüfung".

Aber damit noch nicht genug. Als ob ihm doch selbst im
Hinblicke auf eine solche Leistung nicht recht wohl zu Mute sei,
sagt er S. 77: „Ich kann nicht umhin den Gründen zuzustimmen,
welche Steup bewogen haben die oben bezeichneten Worte (nämlich
τὸν γὰρ οὐκ ὄντα ἅπας εἴωθεν ἐπαινεῖν und τοῖς ζῶσι) für Glosseme
zu erklären"; und auf S. 196, im Anhange, zum Schlusse seiner
von mir beleuchteten Belehrung über meinen vermeintlichen Irrtum
erklärt er: „Ich bemerke noch, daß bei der Gestalt, welche die
zweite Stelle durch Steups Verbesserung erhalten hat, auch der
Schein eines Widerspruches mit der ersteren wegfällt". — Das

war wieder ein meisterhafter Coup. Jetzt steht Junghahn mit seinem,. strengen Vorwurf", der — horribile dictu — selbst Leichenreden nicht verschont, verblüfft da, des Objektes beraubt, wie ein strenger Zuchtmeister, dem sein Opfer unter den Händen entschlüpft ist und im Gefühle der Sicherheit eine Nase dreht. Geschieht ihm Recht. Ὡς ἀπόλοιτο καὶ ἄλλος. — Ich sage wieder: O si tacuisses! Die Strafe für ein solches Kunststück folgt auf dem Fuße. Unmöglich konnte doch Classen mir zumuten, daß ich im J. 1875 einen anderen Text der Stelle aus Thukydides zu grunde gelegt habe, als den, welchen er damals selbst, sowie alle Herausgeber, für den ursprünglichen hielt. Wenn nun also Classen den Schein des Widerspruches bis zu dem Grade mir zugiebt, daß er den geänderten Text, durch den jener Schein beseitigt wird, anzunehmen sich veranlaßt sieht, so heißt das genau genommen: er giebt mir Recht. Wollte er aber das nicht so einfach eingestehen, sondern durch das aus anderen Gründen gebilligte Glossem den Widerspruch so nebenbei beseitigen, so konnte er, um meine Darlegung des Widerspruches zwischen cp. 35 u. cp. 45 für überflüssig zu erklären, doch nur etwa Folgendes sagen: „Junghahn konnte wohl in dem alten Texte den Schein eines Widerspruches finden; er wußte eben nicht, daß ich, Classen, den von Steup hergestellten echten Text in meine nächste Auflage aufnehmen werde. Er hat sich also durch den Schein locken lassen und umsonst bemüht Nunmehr sieht jeder, daß auch nicht ein Schein von Widerspruch da ist." — Enthalten denn aber seine Belehrungen von einem solchen Zugeständnisse des Scheines von Widerspruch etwas? Er hat also dennoch für dieselben wohl den neuen, beschnittenen Text zu grunde gelegt? Das wäre ja aber eine Unbilligkeit, die man niemandem zutrauen darf; und dann wären ja auch seine Belehrungen über die verschiedenen Wirkungen des Neides ganz überflüssig, wenn doch in seinem emendierten Texte nicht einmal ein Schein von Widerspruch ist. Seine Belehrungen müssen sich also auf den alten Text beziehen, und er meint wohl unter dem Scheine eines Widerspruches nicht einen solchen, der auch für ihn vorhanden war, sondern nur für nicht scharf eindringende Leser, und will also eigentlich sagen: „Schon in dem alten (schlechten) Texte ist kein Widerspruch, höchstens für nicht scharf eindringende Leser ein Schein eines solchen, geschweige in dem neuen (richtigen) Text." — Aber warum habe ich denn seine Meinung nicht sofort erkannt? Woher mein Zweifel? Antwort: Weil Classens Ausführungen zu dem alten, vollständigen Texte genau so passen, wie zu dem gekürzten, und sowohl in dem alten wie in dem neuen Texte ist der von mir nachgewiesene Widerspruch enthalten: ja der Widerspruch, den ich aus seiner (vermeintlichen) Widerlegung meiner Ansicht ihm nachwies, ergiebt sich durch seine eigene Uebersetzung des neuen Textes von cp. 45. Sie lautet: „Der Neid wendet sich gegen jeden, der mit anderen in die Schranken tritt. Dagegen findet der Verstorbene, der niemanden in den Weg tritt, eine wohlwollende Beurteilung, die sich mit ihm in keinem Widerstreite mehr befindet.“ — Ist das nicht, um anderes nicht auszusprechen, gleichsam eine Verhöhnung der von aller Ewigkeit her unveränderlichen und durch keine Annahme von Glossemen zu beseitigenden Denkgesetze? Dazu kommt noch, daß Classen, auch ohne „schärfer eindringende Prüfung“, doch merken mußte, daß er auch nicht die mindeste Veranlassung hatte die Textesänderung von Steup gegen mich heranzuziehen. Steup schließt nämlich seine Betrachtungen (Rhein. Mus. 28, S. 138) mit folgenden Worten: „Thukydides hat also an unserer Stelle nicht einfach an die Erscheinung erinnert, daß alle Lebenden Neid verfolge, den Toten dagegen allgemeines Lob erteilt werde, auf welche öfter in der griech. Litteratur hingewiesen wird, sondern er hat die Schwierigkeit der sich für die Söhne und Brüder der Gefallenen ergebenden Aufgabe auf die Ursache jener Erscheinung zurückgeführt.“

Doch ich habe diese Berufung auf Steups Emendation noch aus einem anderen Grunde zur Sprache gebracht; durch sie tritt noch eine Art von Genugthuung für mich zu Tage, bei der meine Gegner eine recht komische Rolle spielen. Diese selbe Stelle, über II cp. 35 und cp. 45, hat schon vor Classen ein Rezensent meiner Arbeit (Jahrb. 1878, p. 359) einer Widerlegung gewürdigt. Auch er bestreitet das Vorhandensein des Widerspruches, was, wie ich jetzt einsehe, bei den Männern jener Richtung ganz natürlich ist. (Ja, wenn ich noch ein Glossem herausgebracht hätte!) Bei seiner Widerlegung stützt sich aber der Rezensent besonders gerade auf die Worte des Textes, welche später Classen, nach dem Vorgange von Steup, in der neuen Auflage verwarf, nämlich auf die Worte τὸν γὰρ οὐκ ὄντα ἅπας εἴωθεν ἐπαινεῖν. Jener stützt sich darauf, weil ja doch der Ausdruck schon zeige, daß es sich um eine Regel handele, die auch Ausnahmen zulasse, und daher ἅπας nicht in seinem vollen Umfange von „Jedermann" zu verstehen sei. — Ist das nicht wirklich komisch? Nun raubt Classen seinem Kampfgenossen dessen beste Stütze, ohne eine Ahnung von dem angerichteten Unglücke zu haben; denn er hatte dessen Erörterungen über die Stelle nicht vor Augen, trotzdem daß er ihnen, in der Vorrede desselben Bändchens, ein unbedingtes, zügelloses Lob erteilt. Und das ist der Mann, der für die Arbeiten über Thukydides Zensuren giebt (z. B. Einleitung zu Band I³, S. CVIII). Bei solcher Gelegenheit eben ist es (Thuk. II³ Vorwort), daß er seine Freude ausspricht über jenes Rezensenten „gründliche und lichtvolle Erörterungen über die Reden bei Thukydides gegen meinen gleichnamigen Aufsatz." Er erklärt u. a. auch „über den von J. (mir) behaupteten Widerspruch zwischen II 35 und II 45 mit des Rezensenten Urteil ganz übereinzustimmen, und befinde sich auch zu seiner großen Freude mit dessen Erklärung aller übrigen Stellen in allen Stücken in vollem Einverständnis". Das ist doch eine schöne Zensur: und noch in demselben Bändchen stellt er den also Belobigten so sehr bloß! O Tücke des Schicksals!

Aber sehen wir genauer zu, wem und wofür er jenes ehrende Zeugnis ausstellt. Vor allem dem Rezensenten, der so bereitwillig für das (nach dem Glauben jener Männer) gefährdete Ansehen des sel. Thukydides eingetreten ist, indem er meine erste Arbeit über diesen Autor in seiner Besprechung (Jahrb. 1878, S. 331 ff.) zu entwerten versuchte.

Auf die Mittel seiner Beweisführung wies ich wiederholt hin, zuerst in meiner Erwiderung (Jahrb. 1878 S. 691 ff.), dann in meinen „Studien zu Thukydides" (Jahrb. 1879, S. 359 u. 360, besonders S. 401), wo ich ihm bei seinem Disput über Thuk. II 35 und II 45 nachwies, daß er in wenigen Zeilen mehrere Male die gröbsten Verstöße gegen die einfachsten Denkgesetze beging. Ich habe also mit dem Rezensenten längst abgerechnet; da Classen aber dessen von mir zurückgewiesene Beurteilung ausdrücklich zu der seinigen macht, so bin ich gezwungen abgethane Sachen noch einmal zur Sprache zu bringen. Es ist wirklich,

darf ich versichern, recht lehrreich und interessant, der Behandlung dieses einen, an sich so unbedeutenden Gegenstandes zu
folgen. Man wird dabei erkennen, welche Blößen sich diejenigen
zu geben im Stande sind, die sich gegen Anerkennung einer ihnen
. aus höheren Rücksichten nicht genehmen Wahrheit sträuben.
Der Redner bei Thuk. II 35 sagt (ich kann es nicht oft genug
wiederholen): „Die Aufgabe die Toten zu loben ist schwer, weil
ein Teil der Zuhörer aus Neid das Lob für übertrieben hält.
Grund dafür: Jeder ist neidisch auf den, hinter dem er selbst
zurückstehen muß." In cp. 45 ist der Sinn: „Dem Ruhme der
Gestorbenen in den Augen der Menschen gleichzukommen ist für
die Hinterbliebenen schwer. Grund dafür: Die Lebenden trifft
der Neid des Nebenbuhlers, die Toten dagegen lobt jeder und
ehrt.sie ohne Eifersucht." — Diese Worte allein, in ihrer garnicht zu mißdeutenden Schlichtheit, sind ein cherner Schild zum
Schutze meiner Behauptung, daß in ihnen ein Widerspruch enthalten sei. An ihnen mußte Classens Spott abprallen, der in
seiner gegen mich gerichteten „schärfer eindringenden Prüfung"
liegt; und durch sie mußte der Hohn schmählich zu Falle kommen,
mit dem der von Classen gepriesene Rezensent (S. 359 Mitte)
seinen Lesern ankündigt, daß Junghahn „auch hier in der Lage
sei" Widerspruch nachzuweisen. (Wahrlich, in einer solchen,
scheinbar harmlos klingenden Sprache liegt, auch abgesehen von
dem Unternehmen einem andern ungeheuer grobe Fehler aufzu-
bürden, eine nicht geringere Herabwürdigung, als sie Classen in
Müller-Strübings allerdings kräftiger und unzweideutiger Sprache
findet.) — Es ist ja recht scherzhaft zu sehen, wie mich Classen
hier widerlegt hat, nämlich indem er den Widerspruch dadurch
abwehrt, daß er sich selbst widerspricht, und Steups Autorität
herbeizieht, die hier garnichts zur Sache thut. Wer aber etwas
noch viel Ergötzlicheres über diesen Gegenstand kennen lernen
will, der lese die Behandlung desselben von dem hierfür von
Classen gepriesenen Rezensenten. Ich will hier, der Kürze wegen,
nur die unerhörten Fehler zusammenstellen, welche seine gegen
mich gerichtete Belehrung enthält. „Jedermann ist gewohnt, die
Toten zu loben, gegen die Lebenden aber richtet sich der Neid
des Nebenbuhlers" soll nach seiner Meinung nicht wörtlich verstanden werden: einzelne Neider seien nicht ausgeschlossen: ἅπα;

sei nicht sehr zu betonen. — Köstlich, ἄπας, das verstärkte πᾶς, soll der Tendenz jener Männer auch ein Opfer bringen und auf die Betonung verzichten. Aber immerhin. Also in cp. 45 sollen einzelne Neider gegen die Toten nicht ausgeschlossen sein. Aber was sagt er gleich darauf über cp. 35? „Aus Neid versagte ein Teil der Zuhörer dem Lobe der Toten den Glauben" bedeute ja garnicht, daß die Toten beneidet werden. Kein Mensch, am wenigsten ein neidischer, beneide die Toten. — Köstlich. Eben erst hat er die einzelnen Neider gegen die Toten kunstvoll konstruiert und uns im Triumphe vorgeführt. Auch erklärte er diese gerade für die schwarzgalligsten Neider. Also doppelt scharfer Widerspruch mit sich selbst. — Weiter. Der neidische Zuhörer werde ja nicht bloß mit Beziehung auf die Toten zur Sprache gebracht. — Köstlich. Ganz Classens Logik. „Nicht bloß mit bezug auf die Toten"! nachdem er eben erst mit feierlicher Zuversichtlichkeit erklärt hat, Thukydides habe garnicht gesagt, daß die Toten beneidet werden, und kein Mensch beneide die Toten. — Also schon mehrere grobe Widersprüche in seinen eigenen Worten. Weiter. Seinen stärksten Trumpf hat er bis zuletzt aufgespart: Lobsprüche eines Redners beschuldigt man so gern der Uebertreibung, weil der neidische Zuhörer die Lob‧ sprüche, von denen er gestehen muß, daß sie ihm nicht zukämen, als bloße Uebertreibungen, also auch den Toten nicht zu- kommend, betrachte. — Also Lobsprüche werden der Über- treibung beschuldigt, weil sie als bloße Übertreibungen betrachtet werden! Was würde man wohl zu einem Schüler sagen, der sich eine solche Erklärung zu Schulden kommen ließe, und zu einem Lehrer, der sie „lichtvoll" nennte? Ich kann es nicht oft genug wiederholen: Das ist die gegen mich gerichtete Widerlegung, welche Classen so überschwenglich preist und in seiner letzten Ausgabe von Buch II ausdrücklich adoptiert. Und wunderbar, beide kommen zu demselben Resultate gegen mich, obgleich Classen seinem Mitstreiter dessen stärkstes, von ihm an die Spitze gestelltes Beweismittel, die Worte τὸν γὰρ οὐκ ὄντα ἄπας εἴωθεν ἐπαινεῖν, entreißt. Schadet nichts. Der gute Wille ist ja die Hauptsache. Ich frage angesichts solcher Thatsachen: Ist es möglich, gegen solche Gegner eine rücksichtsvolle Ver- teidigung zu führen? Ist es wirklich die naive Sprache eines kindlichen Glaubens, welche aus den Sätzen solcher Gegner zu mir spricht, des an sich liebenswürdigen Glaubens an die Mission, den sel. Thukydides vor Herabsetzung zu schützen? Nun, abgesehen von Classens Emendationen, in denen z. T. doch zweifellos an Thukydides scharfe Kritik geübt wird, es streitet dagegen auch der selbstbewußte Ton der Überlegenheit bei beiden Gegnern, (der Rezensent spricht u. a. von „heilloser Verwirrung", die ich angerichtet haben soll), und ein Verfahren gegen anders Urteilende, das auf Routine im Widerlegen beruht. Wer die Sache, um die es sich gerade handelt, genau kennt, erstaunt über den Mut jener Gegner, solche Argumente zu wagen, deren Nichtigkeit ihm, dem Kundigen, sofort klar ist: mancher andere läßt sich auf den ersten Blick wohl noch blenden und durch den zuversichtlichen Ton irre führen. Ein Beispiel der Art liefert Classen (S. oben S. 75 ff.) mit der Herbeiziehung der Emendation Steups; ein anderes bei Widerlegung einer Ausstellung, die ich ebenfalls über eine Stelle der Leichenrede machte. Ich habe sie, aus unten angegebenen Gründen, ganz an den Schluß dieser Abhandlung gesetzt. Sie könnte aber auch hier Platz finden.

Wenn ich noch eine Stelle aus der Arbeit der Rezensenten bringe, dessen „lichtvollen" Erörterungen Classen in allen Punkten mit Freude beistimmt, so haben wir einen Einblick in das ganze Rüstzeug der Widerlegungskunst gewonnen, die von jenen Gegnern geübt wird. Verlegenheit um Einwendungen giebt es da nicht, besonders weil die Scheu vor logischen Fehlern nicht vorhanden ist. So wagt es wohl ein ungeschulter Reiter auch über Glatteis dahinzutraben, während der erfahrene das Roß vorsichtig am Zügel führt. Daß jener oft stürzt, ist begreiflich. — Die Stelle ist aus der Rede des Perikles bei Thuk. I 140 ff. Perikles sagt oben, daß Geldmangel der Gegner den Athenern die Überlegenheit im Kriege sichern werde: weiter unten aber spricht er in derselben Rede von einer Geldquelle der Gegner, den Tempelschätzen von Delphi und Olympia, und zwar nicht in einer Weise, daß die obige Bemerkung, über den Geldmangel, dabei noch bestehen kann. Ich setzte auseinander (S. 664 f.), daß diese Zusammenstellung unhaltbar sei, freilich, ohne eine Interpolation zu konstruieren, und schloß den Abschnitt mit den Worten: „Wenn er (Perikles) die Möglichkeit, daß die Feinde die Tempelschätze

benutzten, zugab und nicht vielmehr bestritt oder bezweifelte, so
ist diese Stelle der Rede mit der oben genannten unvereinbar".
Nun lasse ich eine Auswahl aus den groben Fehlern der massen-
haften und wirren Entgegnung des Rezensenten folgen, auf welche
Classen die Leser seiner Ausgabe wie auf eine willkommne Er-
gänzung seines Kommentars verweist. Ich will die Arten der
Fehler durch Numerierung auseinanderhalten. 1) Logischer
Fehler gröbster Art in folgenden Worten der Entgegnung (S. 343):
„Was hätte es ihm nützen sollen, die Möglichkeit, daß die Feinde
die Tempelschätze benutzen würden, zu bestreiten oder zu bezweifeln, während diese doch offen vorlag und die Feinde ihre
Absicht, dieselbe zu benutzen, deutlich und öffentlich ausgesprochen
hatten?" — Ich habe garnicht gesagt, daß ihm das genützt
haben würde. Meine Worte stehen in einem disjunktiven Urteile;
ein solches wird nicht aufgehoben, wenn nur eine Seite desselben
angefochten wird. 2) Gänzlich inhaltloser, nur scheinbarer Einwand, a. in ebendenselben Worten. Denn daß Staatsmänner das
Bestreiten und Bezweifeln auch noch viel offenkundigerer Thatsachen, als jene, bis zum letzten Augenblicke geübt haben, wenn
es im Staatsinteresse zu liegen schien, kann doch gerade dem
Leser des Thukydides nicht unbekannt sein (Themistokles und der
Mauerbau in Athen). b. In folgenden Worten (S. 343): „der
(nämlich der Geldmangel der Feinde) ja durch die von denselben
beabsichtigte Anleihe in Delphi und Olympia nicht widerlegt,
sondern nur bestätigt wird." — Köstlich. Praktische Anwendung
dieser geistreichen Worte, z. B. auf ein Gespräch zwischen A. u.
B. — Also: A. Weißt Du schon? Unser Freund T. reist nach
Griechenland, um Ausgrabungen zu betreiben. — B. Renommage!
Er hat ja kein Geld. — A. Du irrst. Der Oheim leiht ihm das
Geld. — B. Ich habe doch Recht; durch seine beabsichtigte Anleihe beim Oheim wird sein Geldmangel nur bestätigt. – Das
ist also, nach Classens Dafürhalten, Widerlegung. — 3) Widerlegungen, zu denen die Veranlassung mir untergeschoben und er-
dichtet ist. — Ein Beispiel kommt an derselben Stelle vor (NB.
ausdrücklich gegen mich gerichtet), S. 341: „Darauf ist zu bemerken, daß man die Tempelschätze erst in Anspruch nehmen
konnte, nachdem der Gott selbst sich für den Krieg ausgesprochen
hatte, 1 118, 3." — Wer sollte nicht glauben, daß diese Stelle

I 118, 3 von dem, der sie mir entgegenhält, erst entdeckt worden sei? Und doch habe ich über diese Stelle das Obige schon selbst gesagt, aber noch einen neuen Grund hinzugefügt, warum der Hinweis auf dieselbe nicht ausreiche. Diese Erdichtung des Grundes zu einer Widerlegung kommt besonders oft vor. (S. meine Erwiderung Jahrb. 1878, S. 692 u. f.) Auch bei Classen habe ich solche Fälle nachgewiesen. (Das Folgende ist aus einem anderen Zusammenhange). 4) Kunststücke von einer Sorte, daß ein maßvoller Ausdruck dafür unmöglich ist. Bei Thuk. VI 77 ff. bittet Syrakus die Kamarinäer um Hülfe. Wiederholte Mahnung: „Kämpfet im Bunde mit uns, bleibet nicht neutral; das letztere führt zu nichts.‘ In diesem Zusammenhange blieb es unverständlich, daß der Redner auf das Verhalten der Rheginer hinwies (cp. 79, 2); denn die blieben neutral. Ich machte in meiner Arbeit (S. 659) auf diesen Mißstand aufmerksam. Classens „lichtvoller“ Kampfgenosse zeigt mit überlegener Ruhe (S. 335), daß Alles in Ordnung sei, wenn man es nur verstehe. „Allerdings hält er (der syrakus. Redner) ihnen das Beispiel der Rheginer vor, aber nicht als Muster, welches sie nachahmen sollen, sondern nur als Beispiel eines völlig korrekten Verhaltens.“ Er meint nämlich, daß die Rheginer als Nicht-Dorier und Nicht-Sikelioten korrekt handelten. — Köstlich. Wer lacht da? Sie würden ohne Zweifel auch dann als korrekt Handelnde von Syrakus können gelobt worden sein, wenn sie, als Jonier, mit Athen gegen Syrakus losschlugen. Offenbar läßt sich, ohne Übertreibung, die Anwend-barkeit dieser Widerlegung noch in folgendem Zwiegespräch verteidigen. A. (stark verschuldet, zu B., einem Gläubiger): „Hilf mir, aber nicht durch Gewährung einer Frist, sondern durch ein neues Darlehen. Nimm dir ein Beispiel an C.“ — B. „„Aber C. hat dir ja auf dasselbe Gesuch einen Fußtritt versetzt.““ — A. „Ja, aber ich halte dir sein Verfahren vor nicht als ein Muster, welches du nachahmen sollst, sondern als ein Beispiel eines völlig korrekten Verhaltens. Er hatte Gründe so zu handeln, wie er handelte, und that von seinem Standpunkte aus recht. Für dich ist das Richtige, mir Geld zu geben.“ — Ähnliches Verfahren findet sich bei diesem Mitstreiter Classens wiederholt.

Das ist der Rezensent, dessen „lichtvollen Erörterungen in allen Stücken zuzustimmen“ Classen sich freut. Ich begreife das jetzt, nachdem ich Veranlassung gehabt habe, Classens Arbeiten mir gründlicher, als früher, anzusehen, recht gut. Das sind die Männer, welche über unsere geistige Arbeit Urteile fällen. Von diesem Rechte habe ich nun auch Gebrauch gemacht, freilich erst in der Notwehr und in dem Bewußtsein, auch zum Schutze der geistigen Arbeit anderer beizutragen, wenn ich das total Fehlerhafte in den herabsetzenden Urteilen mit Nachdruck behandele. Auch wird niemand nachweisen können, daß ich aus Gedankenlosigkeit, Flüchtigkeit oder Vorurteil den von mir Beurteilten ein Unrecht zugefügt habe, wie sie mir so reichlich. Man dürfte für Classen nicht geltend machen, daß er sich im Gedränge der Arbeit vielleicht bei der Besprechung von Thuk. II, cp. 35 u. cp. 45 und seiner Identifizierung mit dem Rezensenten übereilt habe. War das der Fall, so hatte er ja seitdem lange Zeit gehabt, sich zu dem Irrtume zu bekennen. Er hat es nicht gethan. Aber auch seine übrigen Äußerungen über die Untersuchungen in meiner ersten Arbeit sind ganz in demselben Geiste, wie die oben zu II 35 u. 45 gezeigten. Auch nicht in einem einzigen Punkte bin ich von ihm und seinem Mitstreiter widerlegt worden, obgleich sie alle Punkte für widerlegt halten. Doch abgesehen hiervon, auch in dem, was mir als Classens neueste Arbeit für Thukydides vor Augen kam, in der zweiten Auflage des VII. u. VIII. Buches, habe ich ihm großen Mangel an scharfem Urteil, auch wo Urteil mit großer Zuversichtlichkeit ausgesprochen wird, nachgewiesen. Ich mußte zur Auseinandersetzung mit ihm auch diese Arbeiten heranziehen, damit nicht jemand, um Classen zu entschuldigen, sage, seine mit so groben Fehlern behafteten Urteile über meine Untersuchungen seien aus seiner „Wärme der Empfindung" zu erklären (wie er sie im Vorwort zu Thuk. V 2 einem anderen gegenüber als Milderungsgrund seines Verhaltens für sich geltend macht). In der Aufwallung darüber, könnte jemand sagen, daß man (nach seiner Meinung) den sel. Thukydides kränke, könne er nicht verhindern, daß das ὁρμιζόμενον τῆς γνώμης (Thuk. II 59) bei ihm über das λογιστικόν den Sieg davontrage. Ich habe u. a. also auch das gezeigt, daß, wenn überhaupt von der scharfen Prüfung des aus dem Altertume Überlieferten auf seinen inneren Gehalt als von einer Modekrankheit, Autoritäten der Litteratur, wie Thukydides, anzutasten, die Rede sein kann, dieses Übel auf jener Seite zweifellos vorhanden sein müßte. Verdient nicht das Streben Müller-Strübings, das Volk der Athener, dem für jegliche Bildung soviel zu verdanken wir laut bekennen, von dem Vorwurfe, daß es 1000 Mitylenäer der edelsten Geschlechter zur Strafe abge schlachtet habe, mit beachtenswerten Gründen zu entlasten, verdient dieses nicht bei jedem denkenden und fühlenden Menschen weit mehr Anerkennung als das, was auf jener Seite jetzt das bemerkbarste Streben ist, durch kleinliche Kontroversen über mutmaßliche Glosseme sich ein neues Arbeitsgebiet zu verschaffen, dessen Stoff für absehbare Zeit nicht zu erschöpfen ist? Auch Classen, der anfangs gegen diese Art, sich um Thukydides Verdienste zu erwerben, sich zu sträuben schien, beteiligte sich später eifriger an den Operationen, durch die bekannten Schnitte und Pflästerchen Mängel und Ungereimtheiten in der Überlieferung zu beseitigen. Wieviel nutzlose Arbeit dabei geleistet wird, das habe ich nachgewiesen. (Man zähle zu den in dieser Abhandlung erörterten Fällen auch einige, die in meiner zweiten Arbeit, Jahrb. 1879, gelegentlich zur Sprache kommen.) Es lassen sich eben Thesen dieser Art von einem jeden so leicht angreifen und widerlegen, wie es für einen jeden leicht ist, sie aufzustellen.

Ich schien am Schlusse angelangt zu sein. Doch aus praktischen Gründen bringe ich hier noch einen Gegenstand zur Sprache, der, seiner Art nach, schon oben hätte eingereiht werden können. Ich will auch denjenigen Lesern beizukommen suchen, die aus Mangel an Zeit nur die ersten und die letzten Seiten einer Abhandlung lesen. Sie werden aus der Behandlung dieses einzigen Falles ermessen können, wie berechtigt die Abneigung gegen die Art sei, wie Classen und Mäuner seiner Richtung mit Thukydides und mit uns verfahren. Der Fall ist aus Thuk. II 39 entnommen. Dort läßt der Geschichtschreiber den Perikles, bei einer Vergleichung der Athener mit ihren Gegnern, folgende Worte sagen, die ich wörtlich aus der Übersetzung von Böhme hinstelle: „Und während jene in ihren Erziehungsmethoden schon von Jugend auf durch eine mühselige Dressur die Tapferkeit erstreben, unterziehen wir uns, wenngleich ungezwungen lebend, nichtsdestoweniger gleichen Gefahren (οὐδὲν ἧσσον ἐπὶ τοὺς ἰσοπαλεῖς κινδύνους). Hier der Beweis. Die Lakedämonier ziehen nicht mit einzelnen Völkerschaften, sondern mit allen in unser Land (οὐ καθ' ἑκάστους, μετὰ πάντων δὲ . . .

στρατεύουσιν), wir dagegen, allein (αὐτοὶ) das Gebiet der Nachbarn angreifend, besiegen meistens im Feindesland ohne Schwierigkeit die für den eigenen Herd Streitenden im Kampfe. Unserer gesamten Macht aber (ἀθρόᾳ τῇ δυνάμει ἡμῶν) begegnete noch nie ein Feind". Der Leser entnimmt aus diesem Wortlaute, daß Perikles für die Athener in Anspruch nahm, wie sie doch, trotz ihrer ungezwungenen Lebensweise, im Bestehen der Gefahren mit den von Jugend auf zur Tapferkeit dressierten Lakedämoniern es aufnähmen, und als Beleg dazu diene die Thatsache, daß die Athener ohne Hinzuziehung anderer Kräfte Erfolge im Feindeslande davontrügen, während jene zum Einfall in Attika noch anderer bedürften. Hiermit begnügen sich die meisten Leser. Aber wieviel Mißliches ist dabei unbeachtet geblieben! Und das ist nicht meine Erfindung, wie ja mehrere alte und neue Emendationsversuche und die umständlichen und kontroversen Interpretationen in II 39, 2 u. 3 zeigen. Οὐδὲν ἧσσον ἐπὶ τοὺς ἰσοπαλεῖς κινδύνους klingt (abgesehen von der unsicheren Deutung von ἰσοπαλεῖς in dieser Verbindung) wie ein Nichtnachstehen; und doch weist der faktische Beleg, in dem Tekmerion, mehr auf: ein Übertreffen. Αὐτοὶ soll heißen „wir allein", während gerade in dem letzten Feldzuge, den doch Perikles in der Leichenrede besonders im Auge haben muß, kooperierende Bundesgenossen der Athener ausdrücklich genannt werden, am deutlichsten II 25, bei dem Einfall in Lakonika. „Die Lakedämonier kommen nicht mit einzelnen Völkerschaften, sondern mit allen in unser Land", klingt, als sei hier „Lakedämonier", da man doch bei dem μετὰ πάντων an die Bundesgenossen denken muß, in weiterem Sinne zu nehmen s. v. a. „Peloponnesier", als deren Hauptvolk sie an dieser Stelle der Koalition den Namen geben; und doch paßt das Vorangehende (die schon im Knabenalter beginnende Dressur für den Krieg) nur auf die Spartaner; auch ist es in diesem Falle hart bei πάντων den Begriff „Bundesgenossen" mitzuverstehen. Zu diesen Bedenken mußte auch ich noch zwei neue hinzufügen (Jahrbb. 1875, S. 679). Wenn nämlich bei der Erwähnung, daß die Lakedämonier mit allen Bundesgenossen gegen Attika ziehen, gerade der letzte Feldzug dem Redner besonders vorschweben muß, so ist diese Erwähnung befremdlich, weil wir aus anderen Stellen bei Thukyd. ausdrücklich erfahren, daß in diesem Falle jene mit zwei Dritteln der Bundes-

macht zu Felde zogen. Und nun noch das Allerbedenklichste:
Es ist doch der Umstand, daß die Lakedämonier im Kriege mit
einer anderen Macht alle Bundesgenossen zu Hülfe nehmen müssen,
nur ein recht kümmerlicher Beleg dafür, daß die durch Dressur
anerzogene Tapferkeit da, wo es sich um Gefahren handele, nicht
den Vorzug verleihe vor der natürlichen Tapferkeit. Es kommt
doch bei dieser Frage noch sehr auf die Machtverhältnisse der
Kriegführenden an. — Das ist doch eine recht große Summe von
berechtigten Bedenken, und sie sind, wie schon gesagt, von verschiedenen Seiten erhoben worden. Nun kam mir der Gedanke:
Wie? „Wenn doch das ganze τεκμήριον nicht einmal dem Zusammenhange angemessen ist, so ist es wohl ursprünglich garnicht
'für diese Stelle bestimmt gewesen, und mit seinem Wegfalle ver-
schwinden auch alle sonst erhobenen Bedenken". Und sieh da!
Die gleich auf das τεκμήριον folgenden Worte, § 4, fügen sich
wunderschön den Worten in § 1 an. Es heißt nun die Stelle, nach
Weglassung des τεκμήριον in 2 u. 3, wörtlich: „Und während jene
in ihren Erziehungsmethoden schon von Jugend auf durch eine
mühselige Dressur die Tapferkeit erstreben, unterziehen wir uns,
wenngleich ungezwungen lebend, nichtsdestoweniger gleichen Gefahren. Gleichwohl haben wir, wenn wir vielmehr mit leichtem
Mute als mit mühevoller Übung, und nicht sowohl aus anbefohlener,
als aus inwohnender Tapferkeit den Gefahren zu begegnen ent-
schlossen sind, den Vorteil voraus, daß wir wegen des kommenden
Ungemachs uns nicht im Voraus abmühen und, von demselben betroffen, uns nicht mutloser als die stets Mühseligen zeigen". —
Man urteile, ob nicht der Gedanke jetzt viel klarer ist als früher.
(Selbst das vielleicht noch etwas harte „Gleichwohl", καίτοι, ist
jetzt erträglicher.) Nun war ich überzeugt, daß meine Beobachtung
den Wert einer guten Konjektur habe. Soviel Anstöße auf einmal
beseitigt, und der vorher schiefe Gedanke korrekt! Ich hätte nicht
mehr Befriedigung haben können, wäre ich, statt Stahl, der Urheber der trefflichen Verbesserung gewesen, die bei Thuk. VII 63
δικαιοῦσαν statt des unverständlichen δικαίως ἂν in den überlieferten
Worten δικαίως ἂν αὐτὴν νῦν μὴ καταπροδίδοτε einsetzt. Sowie ich
diese Verbesserung Stahls, die sich mir als eines der geeignetsten
Beispiele in der Erinnerung aufdrängt, besonders, da sie in einer
oben behandelten Stelle vorkommt, für schlagend richtig halte

(trotz Classens Widerspruch), so hielt ich meine Behauptung, daß das τεκμήριον II 39, 2 u. 3 an falscher Stelle stehe, für schlagend richtig. Wie leicht konnte ja auch gerade ein τεκμήριον als nachträglicher Einfall an eine unrechte Stelle geraten. Dieses hier sieht eher aus wie ein Beleg für große Macht, als für Mut in der Gefahr. Ich las weiter; und nun ergab sich gar, daß dieser selbe Beleg hinter cp. 41, 3 recht wohl am Platze sein könne. Man prüfe einmal den Gedanken, welcher durch Versetzung von cp. 39, 2 u. 3 hinter cp. 41, 3 entsteht, nach dem Wortlaute der Übersetzung von Böhme: „Und daß dies nicht ein für den Augenblick berechneter Prunk von Worten, sondern vielmehr die Wahrheit der That ist, beweist eben die Macht unseres Staates, die wir durch diese Eigenschaften (von denen oben die Rede war; d. Verf.) errungen haben. Denn er allein unter den jetzt bestehenden Staaten ist mächtiger als sein Ruf, wo er eine Probe zu bestehen hat, und er allein gestattet weder dem angreifenden Feinde Unmut darüber, daß er von solchen Leuten (ὑφ᾿ οἵων) Niederlagen erleide, noch den Unterthanen die Beschwerde, daß er nicht von Würdigen beherrscht werde. Hier der Beweis. Die Lakedämonier ziehen nicht mit einzelnen Völkerschaften, sondern mit allen in unser Land, wir dagegen, allein das Gebiet der Nachbarn angreifend, besiegen meistens im Feindeslande ohne Schwierigkeit die für den eigenen Herd Streitenden im Kampfe. Unserer gesamten Macht aber begegnete noch nie ein Feind u. s. w." Hier liegt ein ganz klarer Gedanke vor: Unsere Eigenschaften (die Perikles oben entwickelt hat, besonders das sowohl hochherzige als auch kluge Teilnehmenlassen, im weitesten Sinne, modern „Liberalität") sind sogar, und hervorragend, Quelle unserer Macht. Diese Macht zeigt sich über allen Zweifel erhaben und besteht die Proben über alle Erwartung, wie das noch niemals bei einem Staate vorgekommen ist. Diese Macht ist so bedeutend, daß selbst diejenigen, welche unter ihrer Wucht leiden, gerade die Größe derselben sich zum Troste vorhalten und sagen: „Nun, elende Kerle sind die Athener nicht; das ist nicht bloße Machtheuchelei, bloßer Schein der Macht, mit dem sie etwa nur schrecken wollen; nein, da steckt wirklich was dahinter; solcher Macht sich zu fügen kann für uns keine Schande sein". — Und dazu der Beleg des Perikles: Unsere Macht setzt uns in den Stand schon

mit eigenen Mitteln Erfolge im Felde davonzutragen. Was werden
wir erst gar leisten, wenn wir mit unserer Gesamtmacht, auch den
Bundesgenossen, kommen! Letzteres müssen die Gegner schon
jetzt thun, durch unsere Macht dazu gezwungen. — So klar ist
der Gedanke. An jenem Tage war ich vergnügt. Soviel Anstöße
zu beseitigen und unanfechtbar klare Gedanken herzustellen, ohne
der Überlieferung durch Streichung und Zuthaten zu Leibe zu
gehen, das schien mir ein glücklicher Fund. Ich sagte mir:
„Mag alles übrige in meinem Aufsatze anfechtbar sein, dieses
Eine kann ja niemand antasten: das ist ja unmöglich. Dieses
Eine schon sichert der Arbeit einen Wert. Non omnis moriar." —
Ich hätte noch bemerken können, daß das Bedenken, μετὰ πάντων
und αὐτοί (s. v. a. „ohne Unterstützung") entspreche nicht genau
der geschichtlichen Wahrheit, auch nach der Umstellung fort-
bestehe: aber ich meinte die Möglichkeit der absichtlichen Übertreibung durch den Redner oben schon genügend angedeutet zu
haben, dachte mir auch, ein Jeder werde ja leicht finden, daß,
wenn einmal das τεκμήριον von vornherein den rechten Platz nicht
erhalten habe, kleinere Verderbnisse des Textes sehr wahrscheinlich
waren. Soweit damals meine Erwägungen. Dann kam das Urteil
der Gegner, dessen kurze Summe ist: „Tantum abest ut . . . ut . . .;
so, wie es vor meiner (vermeintlichen) Verbesserung war, ist es
gut, so, wie ich es zu ändern vorschlage, schlecht." — Nun,
wenigstens habe ich aus dieser Art abschätziger Behandlung so
einfach klarer Gedanken etwas Humor gezogen, und es sei mir
gestattet, nachdem ich trockene Gegenstände in der naturgemäß
dürren Art mit Logik und Grammatik behandelt habe, in den
Schlußzeilen mich einer freieren Form zu bedienen. (So ahme
ich einmal im Kleinen wenigstens M. Haupt nach. Mancher
Leser, der bei ihm Deutsche Grammatik gehört hat, erinnert sich
vielleicht hierbei seiner Motivierung solcher Schnurre, wie die
von Gottsched, der auf der Jagd Hasen scheußt.) Mir erging es,
wie dem Verkäufer eines trefflichen Pferdchens, der dieses selbst
aufgezogen hatte und im Vertrauen auf den Wert seiner Ware
getrost die Käufer erwartete. Es kamen einige, es rief aber
gleich beim Eintreten in den Stall der eine: „Es ist ja lahm";
ein anderer: „Ja, und dazu blind auf einem Auge." Da sagte der
Verkäufer, in seinem Vertrauen unerschüttert: „Wartet nur, bis

ich die Lichtluken öffne; dann werdet ihr sehen, daß ihr euch
geirrt habt." So will auch ich jetzt mehr Licht schaffen, wenn
die früher absichtlich, des Raumes wegen, knapp gehaltene Darstellung Schuld an der Verkennung ist. —

Also erste Frage: Wie sind denn die vielen Ausstellungen,
die innerhalb cp. 39, 2 u. 3 teils schon früher, teils erst von mir
erhoben sind, beseitigt? Erweckt ja doch die mehrfache Bemängelung
Vorurteil, wie schon der heilige Gregor gesagt haben soll, nach
einer Stelle eines bekannten Lesebuchs. Antwort: Teils durch
Aufnahme der schon alten Emendation καθ' ἑαυτούς für καθ' ἑκάστους,
wodurch die Übersetzung „die Lakedämonier für sich" gewonnen
wird. Durch Umstellung des ἰσοπαλεῖς, wodurch es zum Subjekte
gezogen und in der Bedeutung klarer wird. Diejenigen, welche
in dem τεκμήριον eine größere Leistung der Athener als der
Spartaner ausgedrückt sehen, beseitigen die Unebenheit im Hinblicke auf οὐδὲν ἧσσον . . . ἰσοπαλεῖς durch Versuche, das letztere
Wort zu deuten, oder sie trösten sich damit, daß μᾶλλον, welches
der Sinn verlange, in dem οὐδὲν ἧσσον doch vorschwebe, oder daß,
wenn Perikles in dem τεκμήριον darlege, daß die Athener mehr
leisten, seine Behauptung, daß sie nicht weniger leisten, damit
doch nicht entkräftet werde. (Wer sollte nicht mit Kopfschütteln
eine so verzweifelte Rechtfertigung aufnehmen!) Daß αὐτοί mit
der Deutung „wir allein" bedenklich sei, im Hinblicke auf die
kooperierenden Bundesgenossen der Athener (II 25), scheint nur
der alte Heilmann beachtenswert gefunden zu haben, soviel ich
aus seiner Übersetzung ersehe. („Ebensowenig fällt es uns schwer
. . . zu überwältigen".) Und hierbei zeigt sich wenigstens wieder
einmal der Scharfsinn Heilmanns, der hier bis jetzt unbeachtet geblieben zu sein scheint. Daß aber αὐτοί ein betontes „wir" sein
kann, wie Heilmann deutet, zeigt u. a. deutlich Thuk. VI 89, 6.
(Vgl. meine „Studien zu Thukydides", Jahrb. 1879 S. 358, wo ich,
gestützt auf diese Bedeutung von αὐτός, gleich einem betonten
„ich", alle Emendationsversuche abwies.) Freilich, ob der ganze
Inhalt des τεκμήριον so hergestellt sei, bleibt fraglich. (Jedenfalls
ist er durch Heilmanns Deutung nicht schlechter geworden, als er
vorher war. II. wird sich gedacht haben: Unsere Ebenbürtigkeit
gegenüber der Kriegsgefahr zeigt sich einerseits indirekt in dem
Verhalten unserer Feinde, die uns nur mit der Gesamtmacht

anzugreifen wagen, anderseits direkt in unseren kriegerischen
Erfolgen.) Seit Heilmann scheint also niemand an dem schon
sachlich auffallenden αὐτοί s. v. a. „wir allein" Anstoß genommen
zu haben, und der Anstoß, welchen er nahm, scheint unbemerkt
geblieben zu sein. Was nun meine Ausstellungen an dem τεκμήριον
betrifft, so weist dieselben Classen zurück (Thuk. II³, cp. 35
Anhang). Nicht genau führt er an, daß ich auf den Widerspruch
des μετὰ πάντων mit den τὰ δύο μέρη (cp. 43) die Vermutung über
die falsche Stelle des τεκμήριον gründe. Ich knüpfte nur an den
Widerspruch an, wies selbst auf die Möglichkeit hin, durch Berufung auf absichtliche Übertreibung des Redners ihn zu beseitigen,
und legte das Hauptgewicht auf den dürftigen Gedankenzusammen-
hang. Doch meine Darstellung der Sache war dort sehr knapp, das
Mißverständnis ist unwesentlich; immerhin ist es lohnend zu sehen,
wie Classen den Widerspruch abwehrt, ohne bei Perikles Übertreibung anzunehmen. Er meint also, μετὰ πάντων bedeute „mit
allen", und übersetzt es auch so, der Zuhörer des Perikles habe
aber nicht verstehen sollen „mit allen". Seltsame Sprache, in
der man so verstehen soll. Wie nun, wenn ganz dieselben Worte
wie Perikles ein Konventsmitglied gebraucht hätte, an Stelle der
Lakedämonier die Österreicher, als Hauptmacht der feindlichen
Koalition, einsetzend? Sollten da die französischen Zuhörer verstehen, daß avec tous hier nicht bedeute „mit allen"? Welchen
Aufschluß giebt also Classen? Er sagt: . . . „hier ist kein Grund
zu Bedenken, wenn man erkennt (wie das in der krit. Bemerkung
zu dieser Stelle näher nachgewiesen ist), daß der Redner das
weitläufige Verfahren der Lakedämonier, zu jedem Feldzuge die
Bundesgenossen aufzubieten, dem raschen Vorgehen der Athener
mit der eigenen Streitmacht gegenüberstellt." In diesen Worten
kann doch der Aufschluß nicht liegen, und auch in der an-
gezogenen Bemerkung, zu cp. 39, finde ich nur, daß er vom
Aufgebot der sämtlichen Verbündeten spricht. Der schuldige
Aufschluß kann also wohl nur in folgenden Worten zu suchen sein
(S. 196): „Daß weder auf der einen noch auf der anderen Seite
zu jedem kriegerischen Unternehmen alle Truppen aufgeboten
werden, versteht sich von selbst". — „Versteht sich von selbst."
Wie niederschmetternd für mich! An mich ist ja die Belehrung
gerichtet. Wie kann man aber auch so dumm sein, zu glauben,

daß zu jedem Unternehmen alle Truppen aufgeboten werden!
Doch ich erhole mich; ich hatte nur im ersten Schrecken geglaubt,
es könnte scheinen, ich hätte wirklich etwas so Dummes gesagt.
Jetzt sehe ich, daß Classen die Zurechtweisung doch wohl nicht
an mich, sondern vielleicht gar an Perikles richtet. Denn ich
habe ja nirgends von jedem kriegerischen Unternehmen gesprochen,
sondern ganz ausdrücklich nur von dem letzten Feldzuge, den ja
Perikles, angesichts der Gefallenen, ganz besonders im Auge haben
muß. (Das ist also wieder ein Fall von erdichteter Veranlassung
zur Widerlegung. Wer davon betroffen wird und es nicht mit
Humor behandeln gelernt hat, könnte es wohl gar empörend finden.)
Der Beweis also, daß μετὰ πάντων hier nicht das volle Quantum,
was in dem Worte liegt, bedeute, und daß es daher nicht im
Widerspruche mit II 47 stehe oder nicht eine Übertreibung des
Perikles sei, ist nicht erbracht. Oder soll dieser Beweis etwa gar in
der Zusammenstellung des μετὰ πάντων mit καθ' ἑκάστους liegen,
auf welche Zusammenstellung Classen verweist, um seine Deutung
von καθ' ἑκάστους zu schützen? Nun, wenn doch seine eigene
Deutung ist „die Lakedämonier nicht vereinzelt, sondern mit allen
zusammen", so ist doch auch jetzt kein Grund, den Begriff des
πάντων abzuschwächen, vorausgesetzt sogar, daß seine Deutung des
καθ' ἑκάστους möglich sei. Bis jetzt hat das letztere niemand zugegeben. Und mit Recht. Ein solcher Sinn könnte doch nur in
der alten Emendation καθ' ἑαυτούς gesucht werden. Classen verschmäht die Emendation und dekretiert, daß hier καθ' ἑκάστους
„vereinzelt, einzeln für sich" bedeute, wenn auch freilich eine
solche Bedeutung nirgends vorkomme (denn Letzteres ist doch
wohl der Sinn seines Zugeständnisses, „daß seine Erklärung den
gewöhnlichen Sprachgebrauch nicht für sich habe"). Jedenfalls
handelt es sich hier um eine unerwiesene Behauptung, die ich
also, falls sie einen Beweis stützen sollte, beiseite lassen kann.
Nun aber macht Classen auch noch das geltend, daß bei seiner
Deutung von οὐ καθ' ἑκάστους, μετὰ πάντων δὲ das τεκμήριον cp. 39,
2 u. 3 an seinem Platze ganz geeignet sei. Ja, wenn das so
wäre, dann müßte ich schweigen. Denn ich hatte ja selbst, mit
geringerer Betonung des Widerspruches, der ja auch durch Annahme rednerischer Übertreibung beseitigt werden kann, für die
Hauptfrage die erklärt, ob das τεκμήριον an der überlieferten

Stelle Sinn habe. Classen bejaht also diese Frage mit Berufung auf seine Deutung von οὐ καθ' ἑκάστους, μετὰ πάντων δέ. Er sagt (S. 196 u. 197): „So gefaßt erscheint cp. 39, 2 u. 3 als das geeignete τεκμήριον für das ἐπίπονον auf lakedämonischer, und das ἀναιμένον (beides in umfassender Bedeutung) auf athenischer Seite". — Die heitere Durchsichtigkeit dieser Auslegungs- und Widerlegungskünste hält den Unmut fern. Oben: „die Bundesgenossen „aufbieten", statt: „mit allen zu Felde ziehen" (ἐς τὴν γῆν ἡμῶν στρατεύουσιν): hier: „ἐπίπονον in umfassender Bedeutung", also auch das „weitläufige Verfahren", nämlich des Aufgebotes, statt der „Dressur zur Tapferkeit" (ἐν ταῖς παιδείαις! ἀσκήσει! τὸ ἀνδρεῖον!). Endlich meint Classen. wenn der Redner die Behauptung, daß die Athener trotz ihres zwanglosen Lebens in der Kriegsgefahr dasselbe leisten, wie die Lakedämonier mit ihrer Mühseligkeit, durch einen thatsächlichen Beleg erweisen wolle, so müsse er beweisen, daß jene zwanglos, diese mühselig leben. Das nennt man Logik! Das nennt man Widerlegung! Es ist niemand vor Irrtum sicher. Aber wenn mir jemand in meinen Arbeiten auch nur einen einzigen so unerhört groben Denkfehler nachwiese, ich würde nie wieder eine Zeile zur Widerlegung veröffentlichen. In Classens Arbeiten habe ich solche Fehler wiederholt nachgewiesen.

Hiermit hätte ich einen passenden Schluß. Aber die Menge der Fehler Classens läßt mich die Feder noch nicht weglegen. Auch der zweite Teil der nach der Formel tantum abest ut . . . ut . . . gegen mich gerichteten Widerlegung ist falsch. Ich hatte behauptet, daß das τεκμήριον cp. 39, 2 u. 3 ein Beleg für die große Macht Athens sei und hinter cp. 41, 3 recht gut verstanden werden könne, weil hier der Redner eben von der Macht Athens, die jede Probe über Erwarten gut bestehe, gesprochen hat. Classen widerlegt mich hier so (S. 197): „Für den inneren Wert, die sittliche Würde der athenischen Kriegsmacht cp. 41, 3 würde jenes τεκμήριον wenig geeignet sein." — Dieser innere Wert und die sittliche Würde ist Interpretenzugabe. Bei Thukydides finden wir nur die Macht (αὐτὴ ἡ δύναμις τῆς πόλεως) und thatsächliche Belege für ihre Größe. Zum Beweise dessen werde ich die in betracht kommende Stelle aus Thuk. cp. 41, § 2 u. 3 folgen lassen: „Und daß dieses nicht vielmehr ein für den Augenblick berechneter

Prunk mit Worten, sondern thatsächliche Wahrheit ist, das zeigt schon die Macht des Staates (αὐτὴ ἡ δύναμις τῆς πόλεως), die wir auf Grund dieser Eigenschaften erworben haben" (nämlich der Eigenschaften, mit deren Lob der Redner eben geschlossen hat. Der Verf.). „Denn er allein von allen, die es jetzt giebt, tritt, wo es sich um eine Probe durch die That handelt, noch mächtiger auf, als sein Ruf es erwarten ließ (ἀκοῆς κρείσσων εἰς πεῖραν ἔρχεται), und er allein giebt weder dem Feinde, der ihm entgegentrat, Veranlassung, darüber zu klagen, von was für Leuten er Mißgeschick erleide (ὑφ' οἵων κακοπαθεῖ), noch dem Unterworfenen Grund zu der Beschwerde, daß über ihn Herren diejenigen seien, die dieses nicht verdienen (οὐχ ὑπ' ἀξίων ἄρχεται)". — So die Stelle, in deren Übersetzung ich von niemandem, auch von Classen nicht, abweiche. Ich würde nie geglaubt haben, daß man aus diesem Texte etwas anderes herauslesen müsse, als die Größe und zweifellose Bethätigung der Macht Athens, würde es also für überflüssig gehalten haben, zum Beweise dessen außer der Übersetzung noch ein Wort hinzuzufügen. Nun aber erklärt der Herausgeber einer vielverbreiteten Ausgabe, nämlich Classen in der 3. Auflage des II. Buches, und zwar ausdrücklich, um mich zu widerlegen, in den obigen Textesworten sei von dem „inneren Werte, der sittlichen Würde der athenischen Macht" die Rede. Ich muß also das Fehlerhafte dieser gegen mich gerichteten Behauptung zeigen, wenn auch freilich mir dieses so vorkommt, als müßte ich ein Hindernis auf meinem Wege, das ich durch Ausschreiten vermeiden könnte, erst durch Anwendung einer Maschine mit Dampfkraft beseitigen. Also in § 2, der Hauptaussage (denn § 3 ist nur Begründung dazu), ist nur von der erworbenen Macht Athens die Rede. Sollte damit eine sittliche Würde der Macht gemeint sein, so müßte, da in den Worten des § 2 selbst nichts zu einer solchen Auffassung nötigt, diese Nötigung in dem Vorangehenden oder Folgenden liegen. Nun aber war in dem Vorangehenden von den Eigenschaften die Rede, durch welche die Athener ihren Staat zu der gegenwärtigen Macht erhoben haben. Und seien das auch lauter sittliche Eigenschaften gewesen, so folgt doch daraus garnicht, daß die durch dieselben erworbene Macht eine sittliche Macht sei, in bezug auf ihren inneren Wert, ihre sittliche Würde in betracht komme, ebensowenig, wie das durch falsche Ware oder falsches

Gewicht erworbene Geld falsches Geld ist. Liegt also die Nötigung, unter der in § 2 behandelten Macht Athens die sittliche Macht zu verstehen, in dem Folgenden, in dem Nachweise des Vorhandenseins der Macht? Nun, wenn der Gedanke offenbar dieser ist, „Zeugnis dafür, daß unsere Eigenschaften in Ansehung unseres Staatslebens rühmenswert sind, ist gerade unsere Macht, die wir durch dieselben erworben haben, da nur unsere Macht sich noch bedeutender als ihr Ruf erweist", so ist doch hiermit sonnenklar, daß hier von Staatsmacht in eigentlichem Sinne, nicht von einer sittlichen Seite derselben die Rede ist. Mein von Classen angefochtenes Verfahren ist also schon hierdurch als unanfechtbar erwiesen, selbst wenn in den noch folgenden Worten des § 3 außerdem noch von einer sittlichen Seite der Macht die Rede sein sollte. Aber auch zu dieser Deutung liegt keine Nötigung vor. Den einzigen Anhalt dazu könnten doch nur die Wörter οἴων und ἀξίων geben, und diese bezeichnen ja hier nicht eine Eigenschaft oder Seite der Macht, sondern der Athener. „Solche" Sieger und „würdige" Gebieter bezeichnet hier, wie auch der ganze Zusammenhang deutlich zeigt, nichts anderes als „mächtige" Sieger und „mächtige" Gebieter. Und daß der Gedanke, „weniger empfindlich und vorwurfsvoll ist es, sich dem zweifellos mächtigen Gegner für überwunden zu erklären und zu fügen", im politischen Leben ein ganz gesunder ist, eine andere, künstliche Deutung also mindestens überflüssig ist, habe ich oben schon gezeigt.

Soviel für jetzt von den Widerlegungen, deren Urheber sich selbst so arge Blößen geben. Möchten doch diese Zeilen auch dazu beizutragen, denen, welche sich zu öffentlichen Widerlegungen, zumal vor einem großen Lesepublikum, gedrungen fühlen, rechte Vorsicht und rechte Achtung vor der geistigen Arbeit anderer zu empfehlen. Weder ist das eine angenehm, in einem Buche, das in Massen abgesetzt wird und besonders für Schüler bestimmt ist, grober Fehler geziehen zu werden, noch auch das andere, dem gleichsam vom hohen Pferde herab und noch dazu ganz falsch über uns Urteilenden, mit Hintansetzung seiner anerkannten Thätigkeit für unseren Schriftsteller, den Nachweis liefern zu müssen, daß seine Überlegenheit keineswegs auf dem Gebiete liegt, auf welchem er uns die Belehrung erteilt.

— – – —

VERLAG VON S. CALVARY & Co. IN BERLIN.

JAHRESBERICHT

über die

Fortschritte der classischen Alterthumswissenschaft

begründet von **Conrad Bursian,**

herausgegeben von

Iwan Müller.

Mit den Beiblättern

BIBLIOTHECA PHILOLOGICA CLASSICA

und

Biographisches Jahrbuch für Alterthumskunde.

Jährlich 4 Bände gr. 8. zu 20—30 Bogen (in 12 Heften zu 6—10 Bogen).

Subscriptionspreis für den Jahrgang (90 Bogen) **30 Mark.**

Ladenpreis (nach Erscheinen des 1. Heftes) **36 Mark.**

Die erste Folge (Acht Jahrgänge in 24 Bänder), die Literatur der Jahre 1873-1880 umfassend und die ersten vier Jahrgänge der neuen Folge (Band 26—40: die Literatur der Jahre 1881 bis 1884), werden zusammen zum Subscriptionspreise von 300 Mark abgegeben, welcher Betrag auch in sechs Raten zu 55 Mark entrichtet werden kann.

Der Jahresbericht erscheint seit dem Jahre 1874 und verfolgt das Programm: auf dem sich immer mehr ausdehnenden Gebiete der classischen Sprach- und Alterthums-Forschung einen vollständigen Wegweiser zu bieten und ein möglichst objectives Bild dessen zu geben, was in den verschiedenen Zweigen dieser Wissenschaft innerhalb eines Jahres geleistet worden ist.

Bibliotheca philologica classica.

Verzeichniss der auf dem Gebiete der classischen Alterthumswissenschaft

erschienenen Bücher, Zeitschriften, Dissertationen,

Programm-Abhandlungen, Aufsätze in Zeitschriften und Recensionen.

Jahrgang 1—12. 1874—1885.

Preis des Jahrganges von 4 Heften (zusammen ca. 25 Bogen gr. 8.) **6 Mark.**

Die Bibliotheca philologica classica ist das einzige Verzeichniss, welches die sämmtlichen auf dem Gebiete der classischen Alterthumswissenschaft erscheinenden Werke aller Literaturen systematisch verzeichnet. Bei schnellem Erscheinen gewährt diese Zeitschrift dem Fachmanne die genaueste Einsicht in die Bewegung und Fortbildung der Wissenschaft und ergänzt somit den Jahresbericht in bibliographischer Hinsicht.

Biographisches Jahrbuch für Alterthumskunde

begründet von Conrad Bursian,

herausgegeben von

Iwan Müller.

Erster bis achter Jahrgang: 1878—1885. **Subscriptionspreis 3 Mark.**

Das biographische Jahrbuch bringt Nekrologe der verstorbenen Philologen und Alterthumsforscher nach authentischen Quellen.

BERLINER PHILOLOGISCHE WOCHENSCHRIFT.

Herausgegeben von

Ch. Belger und O. Seyffert.

Wöchentlich 2 Bogen roy.-8. Abonnementspreis 6 Mark vierteljährlich.

Jahrgang I—VI Oktober 1881 — December 1886 werden mit 75 Mark abgegeben.

Diese Zeitschrift ist bestimmt, für den Philologen ein Central-Organ auf allen Gebieten der Alterthumskunde zu bilden und ihn mit den Fortschritten der Wissenschaft möglichst schnell und vollständig bekannt zu machen.

VERLAG VON S. CALVARY & CO. IN BERLIN.

Calvary's philologische und archaeologische Bibliothek.

Sammlung neuer Ausgaben älterer classischer Hülfsbücher zum Studium der Philologie, in jährlichen Serien von ca. 16 Bänden. Subscriptionspreis für den Band 1 M. 50 Pf. Einzelpreis 2 Mark. Jeder Band wird einzeln abgegeben.

Neu eintretende Abonnenten erhalten die erste bis dritte Serie (50 Bände) statt für 75 Mark **für 36 Mark.**

Bisher erschienen:

I. Serie. 15 Bände und ein Supplementband.

Band 1: **Wolf, F. A., Prolegomena ad Homerum.** Cum notis ineditis Immanuelis Bekkeri. Editio secunda cui accedunt partis secundae prolegomenorum quae supersunt ex Wolfii manuscriptis eruta. Einzelpreis 2 Mark.

Band 2—6: **Müller, K. O., Kunstarchaeologische Werke.** Erste Gesammtausgabe. 5 Bände. Einzelpreis 10 Mark.

Band 7—15: **Niebuhr, B. G., Römische Geschichte.** Neue Ausgabe von M. Isler. 3 Bde. in 9 Theilen Einzelpreis (einschliessl. d. Registerbandes) 18 Mark.

Supplementband: **Register zu Niebuhr's Römischer Geschichte.** Der Supplementband wird den Abnehmern der ersten Serie mit 1 M. 50 Pf. berechnet, einzeln 2 Mark.

II. Serie. 18 Bände.

Band 16—20: **Dobree, P. P., Adversaria critica.** Editio in Germania prima cum praefatione Guilelmi Wagneri. 2 Bände in 6 Theilen. Einzelpreis 12 M.

Band 21—24: **Bentley, R., Dissertation upon the letters of Phalaris and other critical works** with introduction and notes by W. Wagner. Ein Band in 4 Theilen. Einzelpreis 8 Mark.

Band 25: **Dobree, P. P., Observationes Aristophaneae.** Edidit illustravit G. Wagner. Einzelpreis 1 M. 50 Pf.

Band 26—31, 33 u. 48: **Humboldt, W. v., Ueber die Verschiedenheit des menschlichen Sprachbaues.** Mit erläuternden Anmerkungen u. Excursen von A. F. Pott. 2. Aufl. Mit Nachträgen von A. F. Pott u. einem systematischen u. alphabetischen Register von A. Vanicek. 2 Bde. in 8 Thl. Einzelpr. 16 M.

III. Serie. 15 Bände und ein Supplementband.

Band 32 u. 43: **Hudemann, B. E , Geschichte des römischen Postwesens während der Kaiserzeit.** Zweite durch Nachträge, eine Inhalts-Angabe, ein Regist. u. eine Strassenkarte d. römisch. Reich. vermehrte Aufl. Einzelpr. 4 M.

Band 34—42: **Becker, A. W., Charikles.** Bilder altgriechischer Sitte, zur genaueren Kenntniss des griechischen Privatlebens. Neu bearbeitet von H. Göll. 3 Bände in 9 Theilen. Einzelpreis 18 Mark.

Band 44—47: **Rangabé, A. R., Précis d'une histoire de la Littérature néohellénique.** 4 Bde Einzelpreis 8 Mark.

Supplementband: **Müller, Lucian, Friedrich Ritschl.** Eine wissenschaftliche Biographie. 2. Aufl. Einzelpreis 3 Mark.

IV. und V. Serie. ca. 36 Bände.

Band 49 ff. 74 ff. **Reisig, K., Vorlesungen über lateinische Sprachwissenschaft.** Neu bearbeitet von H. Hagen, F. Heerdegen, J. H. Schmalz und G. Landgraf. ca. 10 Bände.

Band 56—61. 72. 2. Hälfte ff. **Meier, M. H. E., und G. F. Schoemann, Der attische Process.** Neu bearbeitet von J. H. Lipsius. ca. 8 Bände.

Band 62—70. **Becker, A. W., Gallus oder römische Scenen aus der Zeit Augusts.** Zur genaueren Kenntniss des römischen Privatlebens. Neu bearbeitet von H. Göll. 9 Bände. Einzelpreis 18 Mark.

Band 71—72. 1. Hälfte. **Ussing, J. L., Erziehung und Jugendunterricht bei den Griechen und Römern.** Neue Bearbeitung. Einzelpreis 3 Mark.

VI. und VII. Serie. ca. 32 Bände.

Band 81 ff. **A. Holm, Griechische Geschichte** von ihrem Ursprunge bis zum Untergange der Selbständigkeit Griechenlands. ca. 20 Bände. Einzelpreis ca. 40 Mark.

Wegen der Fortsetzung behalten wir uns Mittheilung vor.

... ... Buchdruckerei-Act.-Gesellschaft, Setzerinnen-Schule des Lette-Vereins (Carl Ulrich).